EXPLORATION AND PRACTICE OF SHIELD CONSTRUCTION TECHNOLOGY IN SEVERE COLD AREA

严寒地区盾构施工技术
探索与实践

● 毛宇飞　崔治峰　李圣瑞　编著

哈尔滨工业大学出版社
HARBIN INSTITUTE OF TECHNOLOGY PRESS

内 容 简 介

本书以哈尔滨地铁2号线一期工程案例为依托,探索了严寒地区盾构施工技术的研究与应用。全书以盾构高风险进出洞施工处理技术、特殊工况条件下的盾构施工新技术、严寒气候条件下的盾构保温施工技术以及盾构管片冬期生产预制和养护工艺为基础,系统地阐述了盾构与掘进的关键技术体系,主要内容包括复杂环境条件下(下穿松花江、铁路站场、穿越群桩、人防、锚管等)盾构设备选型、盾构端头综合加固技术、盾构施工典型案例。

本书可供从事盾构科研、盾构隧道施工的工程技术人员以及高校相关专业师生参考。

图书在版编目(CIP)数据

严寒地区盾构施工技术探索与实践 / 毛宇飞,崔治峰,李圣瑞编著. —哈尔滨:哈尔滨工业大学出版社, 2025.1

ISBN 978-7-5767-0044-2

Ⅰ.①严… Ⅱ.①毛… ②崔… ③李… Ⅲ.①寒冷地区-盾构法 Ⅳ.①U455.43

中国版本图书馆CIP数据核字(2022)第109824号

策 划 编 辑	王桂芝
责 任 编 辑	陈雪巍 王 爽
出 版 发 行	哈尔滨工业大学出版社
社　　　　址	哈尔滨市南岗区复华四道街10号 邮编150006
传　　　　真	0451-86414749
网　　　　址	http://hitpress.hit.edu.cn
印　　　　刷	哈尔滨市石桥印务有限公司
开　　　　本	787 mm×1 092 mm 1/16 印张11.75 字数264千字
版　　　　次	2025年1月第1版 2025年1月第1次印刷
书　　　　号	ISBN 978-7-5767-0044-2
定　　　　价	98.00元

(如因印装质量问题影响阅读,我社负责调换)

前　言

哈尔滨地铁成功实施严寒地区盾构施工技术，创造了我国首次在最高纬度、最严寒地区进行地铁施工的奇迹。其盾构法隧道冬期建设技术和周边地表建筑物变形控制技术在国内外均属罕见，研究的严寒地区复杂环境条件下地铁施工技术，将在严寒地区轨道交通工程中得到广泛应用。

作者基于哈尔滨地铁2号线一期工程案例，总结其技术成果撰写本书。本书从实际出发，注重事实，将理论与实践紧密结合，以案例为背景，通过案例中所采用的盾构施工相关技术，总结其施工方法、工艺参数、施工特点等，具有较强的操作性。本书虽以严寒气候为背景，但许多工艺方法与气候条件影响因子不大，如软土刀盘盾构下穿建筑物切削群桩、盾构穿越锚管群、暗挖车站风道内盾构侧向平移转体吊出、密闭车站内调头二次始发、滑移钢套筒盾构整体过站二次始发以及盾构受限空间内解体施工技术等特殊工艺，都将随着城市地铁建设快速发展，应用也将会越来越广。作者将案例项目所遇到的盾构施工特殊工况及特殊气候条件下的盾构施工技术逐一列举，并对其所采取的技术措施、技术参数进行翔实的阐述，对相关技术人员都有很好的参考作用。

本书共分7章，第1、2章由中国电建市政建设集团有限公司崔治峰执笔，第3、4、5、7章由中国电建集团铁路建设有限公司毛宇飞执笔，第6章由中国电建市政建设集团有限公司李圣瑞执笔，全书由毛宇飞统稿。

在本书撰写过程中，作者参考了国内外大量的文献资料，并将其中主要参考文献列于书中，同时采用了哈尔滨地铁2号线一期工程现场的具体实施方案，在此对文献资料的作者和哈尔滨地铁项目工程的技术人员致以衷心的感谢。

本书涉及内容多为施工难度较大的高新技术，难免存在不足之处，恳请广大读者提出宝贵意见。

作 者

2024年10月

目 录

第 1 章 概述 /1
1.1 国内外盾构技术发展现状 / 3
1.2 哈尔滨地铁 2 号线一期工程概况 / 7

第 2 章 复杂环境条件下盾构端头综合加固技术 /11
2.1 加固目的 / 13
2.2 加固方式选择 / 14
2.3 高压旋喷加固施工技术 / 14
2.4 旋喷加外包素地连墙加固施工技术 / 19
2.5 水平冷冻法加固施工技术 / 21
2.6 水平注浆加固技术 / 37
2.7 大管棚加水平注浆加固技术 / 42
2.8 本章小结 / 45

第 3 章 盾构始发与接收 /47
3.1 盾构机钢套筒始发与接收技术 / 49
3.2 长大盾构区间中间风井钢套筒接收及二次始发技术 / 59
3.3 盾构机钢筋混凝土箱接收技术 / 62
3.4 盾构泥土平衡接收技术 / 63
3.5 本章小结 / 68

第 4 章 盾构机平移调头过站与拆解新技术 /69
4.1 盾构机暗挖车站风道内侧向平移转体吊出技术 / 71
4.2 盾构机车站内调头及二次始发技术 / 73
4.3 盾构机过站新技术 / 77
4.4 狭小空间盾构机拆解技术 / 84

4.5 本章小结 / 96

第 5 章　复杂环境盾构掘进技术 /97

5.1 软土刀盘穿越建筑物群桩 / 100

5.2 盾构近接矿山法隧道同期施工 / 109

5.3 盾构下穿铁路站场 / 118

5.4 盾构穿越人防工程 / 126

5.5 盾构穿越锚管（索）群 / 146

5.6 双螺旋盾构机防喷涌 / 149

5.7 双氧水化解泥饼技术 / 151

5.8 洞内盾尾刷更换技术 / 154

5.9 本章小结 / 157

第 6 章　盾构管片预制生产 /159

6.1 半自动化生产线 / 161

6.2 冬期管片预制 / 162

6.3 管片性能试验 / 168

6.4 本章小结 / 168

第 7 章　严寒地区盾构冬期施工 /169

7.1 拌和系统保温 / 171

7.2 砂浆浆液保温 / 172

7.3 现场管片储存保温 / 172

7.4 防水材料粘贴保温 / 173

7.5 始发场地保温 / 173

7.6 盾构设备冬施维护 / 175

7.7 盾构机系统拆机排水 / 177

7.8 本章小结 / 180

参考文献 /181

第1章 概 述

1.1 国内外盾构技术发展现状

1.1.1 国外盾构技术发展现状

1818年,英国布鲁诺最早提出了用盾构法建造隧道,并于1825年在伦敦泰晤士河下修建世界上第一条矩形盾构隧道(11.3 m×6.7 m),隧道被淹埋2次,至1843年才完成施工,全长为458 m。1830年,劳德考兰斯发明防止涌水的方法——气压法。1865年,巴尔劳首次采用铸铁管片圆形盾构,并于1874年在英国伦敦地铁隧道施工中结合以往盾构施工和气压法的特点,首创盾尾后衬砌外围环形空隙中压浆的施工方法,为现代盾构法施工奠定了基础。1880—1890年间,美国和加拿大间的圣克莱河下用盾构法修建了一条长1 800 m、直径为6.4 m的水底铁路隧道。20世纪初,盾构技术已在美国、英国、德国、苏联、法国等国推广应用。1931年,苏联采用英制盾构建造了莫斯科地铁隧道,采用化学注浆和冻结工法进行施工。1939年,日本正式应用盾构施工技术建造了国铁关门隧道的海底部分,该隧道长为7 258 m、采用的盾构外径为7.18 m,该工程奠定了日本盾构施工技术的基础,并从20世纪60年代开始,盾构施工法在日本得到迅速发展。20世纪70年代,日本和德国针对城市建设区的软松含水地层中因盾构施工引起的地表沉降,解决了预制高精度钢筋混凝土管片和接缝防水等技术问题,研制出各种新型的衬砌和防水技术,以及局部气压式、泥水加压式和土压平衡式等新型盾构及相应的工艺和配套设备。1960年,英国伦敦开始使用滚洞式掘进机,同年美国纽约率先使用油压千斤顶盾构机。1967年,日本最先采用泥水式盾构建排水管道隧道,在1974年东京排水管道水元干线中首先研发并使用土压平衡盾构。1978年,盾构掘进的现浇衬砌工法在德国汉堡取得专利。1988年,双圆形盾构用于日本东京JR京叶线施工。1993年,密封式椭圆形盾构应用于东京排水管道新大森干线,同年纵横连续掘进的球形盾构在川崎排水管道观音河雨水贮留池工程首先使用,密封式矩形盾构在千叶排水管道菊田川干线施工中应用。1995年,三联多圆形盾构在大阪地下车站首先使用。2001年,荷兰鹿特丹—阿姆斯特丹高速铁路支线隧道,全长7 156 m,工程采用了直径为14.87 m的泥水气平衡盾构。

近30年来,随着土压平衡、泥水平衡、盾尾密封、盾构始发与接收等一系列技术难题的解决,盾构技术获得较快发展。传统的盾构多以圆形断面为主,但是其断面空间利用率较低,而在人行地道和车行隧道工程中,矩形、椭圆形、马蹄形、双圆形和多圆形断面更为合理。目前,盾构的型式越来越多,已生产出断面为圆形、矩形、球形、双圆形、三圆形、多心形、复连形、多边形盾构和子母盾构等型式盾构,直径从150 mm的微型盾构发展到今天的直径为17.6 m的超大直径盾构。各生产厂家可根据不同的地质条件和工程要求,设计不同类型的盾构机来满足不同工程的需求。20世纪80年代,日本开发应用矩形盾构,20世纪90年代,开发应用任意截面盾构和多圆盾构。同时异形盾构技术也日益成熟,1986年制造了马蹄形机械挖掘盾构,1991年制造了马蹄形ECL盾构,1993年制造了迄今最大的双圆盾构,1995年制造了三圆盾构,1996年制造了7 950 mm×5 420 mm

的矩形盾构，同年又完成了球形刀盘盾构的研发，1997年制造了MMST盾构，1999年生产了子母盾构，2001年制造了MSD盾构。随着地下空间的开发，盾构技术已广泛地应用于软土层的地铁、铁路、公路、市政管道等工程领域。为了适应不同工程的需求，达到降低开挖成本和使施工断面最优化的目的，异形盾构应运而生，盾构施工法进入了多元化的时代。许多重要、新颖的施工工法如矩形、球形、椭圆摇摆式、铰接式、纵横式及DPLEX、H&V、MF、MSD等工法逐渐进入世界各地的地下工程建设中。

1.1.2 国内盾构技术发展现状

我国盾构技术的开发与应用始于1953年，东北阜新煤矿用手持式盾构修建了直径为2.6 m的疏水巷道。1962年2月，上海城建局隧道工程公司结合上海软土地层特点对盾构进行了系统的试验研究，研制出1台直径为4.16 m的手持式普通敞胸盾构，隧道掘进长度为68 m，试验取得成功，并采集了大量的盾构隧道施工数据资料。1965年，由上海隧道工程设计院设计、江南造船厂制造的2台直径为5.8 m的网格挤压盾构，于1996年完成了2条平行隧道的挖掘，长度为660 m，地面最大沉降达到10 cm。1966年5月，中国第一条水底公路隧道——上海打浦路越江公路隧道，主隧道采用自主研制的直径为10.22 m的网格挤压盾构施工，辅以气压稳定面，在水深为16 m的黄浦江底成功穿越，掘进总长度为1 322 m。1973年，上海采用1台直径为3.6 m的水力机械化出土网格盾构和2台直径为4.3 m的网格挤压盾构，在上海金山石化总厂修建了1条污水排放隧道和2条引水隧道。1980年，上海进行了地铁1号线试验段施工，研制出1台直径6.412 m的网格挤压盾构，采用泥水加压和局部气压施工，在淤泥质黏土地层中掘进隧道1 130 m。1982年，由上海隧道股份有限公司设计、江南造船厂制造的直径11.3 m网格挤压水力出土盾构，成功应用于上海外滩的延安东路北线越江隧道工程，隧道长度为1 476 m。1986年，铁道部隧道工程局研制出半断面插刀盾构，成功用于建造北京地铁复兴门折返线；1987年，又成功研制了国产第一台4.35 m加泥式土压平衡盾构，并于1988年1～9月用于上海南站过江电缆隧道工程，穿越黄浦江底粉砂层，掘进长度为583 m。1990年，上海地铁1号线开工，18 km区间隧道采用7台由法国FCB公司、上海隧道工程股份有限公司、上海市隧道工程轨道交通设计院、沪东造船厂联合研制的6.34 m土压平衡盾构，月掘进长度达200 m以上，地表沉降控制范围为+1～-3 cm；1995年，上海2号线24.12 km区间再次使用此7台土压平衡盾构，同时又从法国FMT公司引进2台土压平衡盾构，加上上海隧道工程股份有限公司自行设计制造的1台，共使用10台土压平衡盾构施工。2001年，国家科技部将盾构国产化列入国家"863"计划，在盾构开发方面取得了巨大成就，适用于软土地层的6.3 m土压平衡盾构的设计和制造有了重大突破，并完成样机的制造，初步形成盾构制造、安装、调试的成套工艺技术，已具备规模化制造加工的能力，基本掌握盾构隧道掘进关键技术，研制出了盾构模拟试验平台，成功组建了股份制盾构设计试验研究中心。同年2月，中铁隧道成立集团有限公司盾构开发机构，8月在河南新乡建立盾构产业化基地，以盾构研究开发、盾构组装调试、盾构制造维修为主要发展方向。上海隧道股份有限公司（简称上海隧道）也在上海成立了基地。2001年，科技部将6.3 m土压平衡盾构的研究设计列入国家"863"计划，两家国内盾构设计、制造与施工的优势企业成立联合攻关组，组织由浙江大学、同济大学、华中科技大学、东南大学、煤炭科学研究院、北京城建集团、中信重工机械股份有限公司、洛阳九久科技股份有限公司等单位参加的产、学、研相结合的课题组，完成了6.3 m土压平衡盾构的结构设计和盾构控制原理的流程图设计，盾构液压系统、电气系统、流体输送系统及元器件的选型，盾构系统刀具的研究设计、开发与制造，盾构泡沫添加剂和盾构密封油脂的开发应用研究，同时实现了盾构产业化。2005年3月26日，上海地铁2号线西延工程盾构隧道贯通标志着我国盾构施工技术取得了阶段性胜利。2004年5月，广州地铁4号线小新区间成功应用该技术，同时在管片研制、新型泡沫研制及渣土改良技术、同步注浆技术等方面也取得了一定进展，从而推动我国盾构产业化进程。上海成立的盾构设计试验研究中心，研制出我国第一台拥有自主知识产权的大型多功能盾构试验平台，具备土压平衡和泥水平衡互换及刀盘开口率可调等功能。

1995年，上海隧道开始研究矩形盾构隧道技术，解决了推进曲线控制、纠偏技术、沉降控制、隧道结构等技术难题，后又开展了双圆和多圆隧道可行性研究。1999年5月，上海地铁2号线陆家嘴站出入口过街通道采用长度为124 m的3.8 m×3.8 m矩形顶管。2003年9月，上海隧道引进日本双圆盾构施工轨道交通8号线，为异形盾构隧道的发展做了铺垫。2016年7月17日，世界首台大断面马蹄形盾构机在郑州国家TBM产业中心下线，11月在蒙华铁路白城隧道正式开机掘进，该隧道全长3 345 m，为单洞双线时速120 km双线电气化铁路隧道，这是国内铁路山岭软土隧道领域首次运用马蹄形盾构工法施工。目前世界最大直径的盾构隧道——香港屯门海底隧道直径为17.6 m，长度为4.2 km，于2018年底贯通。同年9月29日，我国自主研制的最大直径泥水平衡盾构机在郑州下线，直径为15.8 m，用于深圳市春风隧道施工。中国制造14 m以上超大直径的盾构机占世界总量的60%。近10年间，我国在江、河、海下设计建造了大量的水底盾构隧道，仅在长江上建成和在建的隧道已达13座，其中大直径隧道10座；其他江、河盾构下穿隧道也不在少数，如上海地铁下穿黄浦江、广州地铁下穿珠江、长沙轨道交通3号线下穿湘江、常德沅江隧道下穿沅江、杭州望江路隧道下穿钱塘江、厦门地铁2号线下穿西巷海域、兰州地铁1号线下穿黄河、哈尔滨地铁2号线下穿松花江等，这些在世界水下交通史上是绝无仅有的，标志着我国穿越江河湖海的隧道技术日臻成熟，迈入世界先进行列。

随着城市地铁的快速发展，地铁建设的机械化程度越来越高，采用盾构施工的隧道也越来越多，盾构施工技术日新月异，如扩径盾构施工法、球体盾构施工法、多圆盾构施工法、H&V盾构施工法、变形断面施工法、偏心多轴盾构施工法、行星切割式盾构施工法、椭圆断面盾构施工法、机械式盾构对接技术、箱形盾构施工法等。盾构控制技术科技含量越来越高，自动化、智能化、智慧化程度不断提高，测量定位也越来越准确，遥控控制技术、激光制导技术及陀螺仪定位系统已普遍应用于盾构技术中，地表控制技术日臻成熟，质量越来越好，应用盾构可安全地上穿高层建筑物，下穿江、河、海等水域。随着地下空间的开发和城市综合管廊的建设，盾构的断面尺寸具有向超大、微小两个方向发展的趋势，直径为15.8 m的超大直径盾构在我国已下线，小到200 mm的微型盾构也在工程中得到应用。由于圆形盾构隧道受力状况较好，目前95 %以上的隧道均采用圆形断面，但其空间断面利用率低，开发应用更为合理的异形盾构隧道施工技术将成为一种新的发展趋势，盾构断面型式将向多元化发展。盾构施工相关技术有待快速发展，如进出洞、地中对接、长距离、急曲线、扩径、球体等施工新技术；衬砌新技术中的压注混凝土衬砌、管片自动化组装、管片接头技术等；盾构智能化、智慧化无人驾驶掘进技术等。

盾构施工对岩土环境影响的研究大多集中于对地面变形的经验预估、数值模拟方面，而对引起地层移动和变形的土体扰动及扰动土性质的研究较少。由于理论研究明显不足且缺乏评价指标，实验室内仿真差异性较大，因此实验结果与实际掘进情况会存在较大差别。盾构引起的地表沉降是三维的，二维平面分析盾构施工地层变形问题具有局限性。我国存在三种典型地层结构：第一种是以成都为代表的砂卵石地层。砂卵石地层具有"三高"的特点，即卵石含量高、强度高及地下水位高。砂卵石地层内摩擦角大，因此流动性相对较差，在此地层中采用加泥式土压平衡盾构施工效果会更加显著。在成都地铁工程试验段，在砂卵石地层掘进初期，按照以碎为主、以排为辅的方式进行施工，后来经过工程实践证明此种方式能提高掘进效率。针对砂卵石地层，刀具上应该使用开口率大的面板型刀盘。第二种是以广州和深圳为代表的复合地层。盾构施工中主要穿越复合地层，此种地层纵断面上地质情况比较复杂，存在断层、溶洞、花岗岩球体、上软下硬等不良地质。复杂的地层结构影响了掘进效率，增加了施工成本。针对复合地层，盾构设备应该具有一定的转换功能，在软土地层时，采用土压平衡模式，到硬岩地层时，转换成非土压平衡模式。在此种地层中使用的刀盘结构最好为面板型的。第三种是以上海、杭州和天津等地为代表的软土地层。穿越软土地层时的盾构掘进相对容易一些，在此种情况下可以使用土压平衡式盾构或加泥式土压平衡盾构。刀具应该以齿刀、刮刀等为主。该地层盾构施工的重点放在对后期沉降的控制上，因此对盾构注浆系统配置要求相对高一些。目前对严寒地区的盾构施工技术研究还不是很成熟，至今尚无盾构冬期施工相关规范、规程，由于严寒地区冬季漫长，有效施工时间短，工期紧，任务重，冬期施工成为必然，因此，深度开展极端低温条件下盾构施工关键技术研究，对我国在东北最寒冷的城市修建地铁具有深远的指导意义。

哈尔滨市地处松嫩平原东部、松花江两岸，区内季节性冻土发育，从10月末开始结冻，至翌年3月中旬开始融化，六月初化透，最大冻结深度达2.05 m。哈尔滨地铁建设是我国首次在最高纬度、最严寒地区进行地铁施工的项目，其盾构法隧道建设技术和周边地表建筑物变形控制技术在国内外几乎没有相似的工程案例，研究在严寒地区复杂环境条件下地铁施工技术可为严寒地区轨道交通工程建设提供有益的参考和借鉴。

1.2 哈尔滨地铁2号线一期工程概况

哈尔滨地铁2号线一期工程始于呼兰区松北大学城，终于香坊区气象台站。线路串联呼兰、松北、道里、南岗、香坊五区，沿线经过松北开发区、太阳岛旅游休闲中心、道里商业金融中心、铁路客站、省级行政办公中心，是网络南北—东西的主要干线，有力支持了哈尔滨城市发展中"北跃"的发展策略，为"一江居中，两岸繁荣"的城市繁荣构想铺垫了基础。全线共计19座车站（4.75 km）、18个区间（23.86 km），线路全长28.6 km（双线），均为地下线路。同步建设1座控制中心、3座主变电所和1处哈北车辆段，设计概算总投资206.469亿元。项目采用BOT建设管理模式，中国电建集团铁路建设有限公司作为项目主要投资人之一，负责哈尔滨市地铁2号一期工程全线土建施工总承包管理，电建集团自承包施工标段由电建市政、水电一局和水电四局负责施工，哈尔滨地铁2号线一期工程平面示意图（设计方案）如图1.1所示。

图1.1 哈尔滨地铁2号线一期工程平面示意图（设计方案）

1.2.1　地形地貌

哈尔滨市地处松花江中上游，坐落于松嫩平原东端，松花江两岸，呈倒三角形，城市分布着丘陵和平原，东北临小兴安岭余脉，东南抵长白山张广才岭。地貌以松花江及其支流的河漫滩，河流阶地和东部山地山前洪积水-冲积平台为主。全区地貌大体分为三个部分：东北部和东南部山区，中部丘陵区，西部平原及漫川、漫岗、波状倾斜区。整个地貌呈"五山一水三分田，半分荒滩和草原"的特征。海拔最高为1 024 m，最低为松花江谷地112 m。松花江两岸滩地、阶地、地下水较为丰富。

哈尔滨的地貌按其形态和成因类型可分为剥蚀堆积地形和堆积地形，其中剥蚀堆积地形分为岗阜状冰水冲积平原和波状冰水冲积平原；堆积地形分为河谷阶地地形和河谷漫滩地形。

1.2.2　工程地质情况

哈尔滨地铁2号线一期工程全长28.6 km，穿越四种地貌单元，即波状平原、松花江阶地、马家沟沟谷地带和松花江漫滩。

1. 成高子至博物馆

该段线路处于岗阜状平原地貌单元上，地貌为波状冰水洪积平原，地面标高在145～180 m，组成物质为上更新统与中更新统的厚层黄褐色黄土状亚黏土，通常在20～50 m以下为中粗砂类土。

2. 博物馆至火车站

该段线路处于松花江堆积阶地上，单元土层上部为褐-黄褐色黄土状粉质黏土（次生堆积黄土），含铁锰结核、钙质条纹及丰富的化石，具有大孔结构，厚度一般为10～18 m；该层下面为厚度不大的粉细砂层和分布不连续的淤泥质土层；再下部为黄褐色-褐灰色的中粗砂层，该土层厚度大，一般为40～50 m，砂的磨圆度较好，颗粒较均匀，成分以石英为主，含有长石及淤泥质土透镜体，透水性能良好，为较好的含水层；底部泥岩层之上有灰色黏性土混砾石层，微具胶结状。

3. 信义沟及马家沟河流域

该段线路处于信义沟及马家沟的沟谷地带，该单元土层分布不均，并且性质较差，有淤泥质土层分布，地下水位较高。

4. 火车站至松北区

该段线路处于松花江漫滩上，地面标高在112～128 m，该单元土层分布不均，并且性质较差，上部为粉质黏土、黏土及淤泥质土层；下部以砂类土为主，砂类土中含黏性土夹层。该区段地下水位较高，40～50 m以下为泥岩。

1.2.3　水文地质情况

哈尔滨地铁2号线一期工程沿线贯穿了松花江漫滩、松花江阶地、信义沟和马家沟沟谷地段等地貌单元，在波状平原地段地下水埋藏较深，属承压水类型。依据现有资料，地下水埋深在21.0~39.6 m之间，承压水头高度5~10 m不等。松花江漫滩及马家沟沟谷地段，地下水埋藏较浅，属潜水类型，埋深在4.2~7.9 m之间。

根据勘察揭示的地层结构，可分为孔隙潜水和孔隙承压水。

1. 孔隙潜水

孔隙潜水主要赋存于第四系全新统冲积层（2-2）粉砂、（2-3）细砂、（2-4）中砂和（2-4-3）粉砂中，以及下更新统东深井组（7-1-2）粉砂、（7-2）中砂中，该含水层厚度约为35 m，隔水底板为（7-3）黏土层，场地局部地段由于顶部（7-1）层、（7-1-1）层粉质黏土呈连续分布，其下部（7-2）层中孔隙潜水具有微承压性，经勘察测量的承压水头高度为3.0~5.0 m。该场地地层富水性好，水平方向透水性强，孔隙潜水与松花江水力联系较为密切，补给方式主要包括松花江侧向径流补给、大气降水渗入、地表水渗入等，其中松花江侧向径流补给及大气降水渗入为主要补给来源，此外丰水期内，区域内湖水、河水等地表水对地下水也有一定的补给作用。排泄方式主要为蒸发及人工开采。另外，由于2006年下半年松花江哈尔滨下游大顶子山水利枢纽工程蓄水，抬高了上游哈尔滨段水位，造成与松花江具有密切水力联系的哈尔滨漫滩地区地下水位上升，因此松花江哈尔滨段水位常年保持在115~116 m。

勘察期间通过干钻至含水层测得孔隙潜水初见水位埋深为5.2~8.6 m，地下水静止水位埋深为4.8~8.3 m，标高为112.31~113.89 m。

车站附近布置1处抽水试验，采用非完整井稳定流单井抽水（附带两个水位观测孔），抽水井深为24 m，最大抽水量为2 628.6 m³/d，抽水井最大降深为2.59 m。抽水地层主要为下部（2-2）粉砂、（2-3）细砂、（2-4）中砂、（2-4-3）粉砂，以及下更新统东深井组（7-1-2）粉砂和（7-2）中砂。通过试验计算得出单位涌水量为1 065.87 m³/d，综合渗透系数为51.67 m/d，影响半径为300 m，预测基坑涌水量为38 411.6 m³/d，下部（2-4）中砂和（7-2）中砂属透水-强透水地层。

2. 孔隙承压水

孔隙承压水主要赋存于第四系下更新统东深井组冰水堆积层中（7-4）中砂和（7-5）砾砂中，相对隔水顶板为（7-3）黏土层，底板为白垩纪嫩江组泥岩。该含水层厚度约为2.5~5.1 m，变化较大，富水性好，透水性强。孔隙承压水主要接受侧向径流补给，以侧向径流排泄为主，水位变化影响较小。勘察期间通过SH30冲击钻钻穿承压含水层隔水顶板后停钻，下入套管将上部承压潜水含水层隔开，量测钻孔中空隙承压水水头高度。勘察期间孔隙承压水水头标高为105~107 m，埋深在13.5~15.3 m之间。

1.2.4 气象特征

哈尔滨地处我国东北边陲，黑龙江省的西南部，松花江沿岸，东经126°15′~127°30′，北纬45°20'~46°20'。全市辖道里、道外、南岗、香坊、松北、平房、呼兰、阿城、双城9个区和五常、尚志、宾县、巴彦、依兰、方正、木兰、通河、延寿9个县（市），总面积约为$5.31×10^4$ km²，市区面积约为1 660 km²。

哈尔滨属温带大陆性季风气候，夏季炎热短暂，多东南风，冬季寒冷漫长，多西北风，全年平均气温3.5 ℃，一月最冷，七、八月最热；历史最高气温41℃，最低气温−41.4 ℃。全年无霜期150天左右，结冰期190天左右。哈尔滨年平均降水量约为530 mm，历史最大降水量出现于1994年，达826.3 mm，1989年最小为345.48 mm。降水多集中在七、八两个月，多年平均蒸发量为1 501.4 mm，1982年最大为1 867.8 mm，1954年最小为1 012.1 mm，年内4~9月蒸发量最大，占年蒸发量的81.87 %，12月至翌年2月仅占年蒸发量的3.35%。冬季降雪占全年降水的12.1 %，降雪期为180多天，年降雪量平均为63.1 mm，最大积雪深度达41 cm。年平均风速4.1 m/s，常年主导风向以西南风为主。年平均日照时数2 446 h。

第 2 章　复杂环境条件下盾构端头综合加固技术

盾构始发与接收施工是盾构隧道施工的重大风险点之一，为保证盾构始发与接收施工的安全，常规做法需对盾构始发端头地层进行加固，传统的地层加固方法有高压旋喷加固法、水泥搅拌桩加固法、冷冻法、化学注浆加固法和外包素地下连续墙加降水等复合式加固方法。在超厚富水砂层中端头加固若采用旋喷桩等常规加固方式，水泥浆液容易随地下水流动而散失，加固成桩效果差，加固质量难以保证，始发与接收时仍将存在较大安全风险，因此需对高压旋喷的施工工艺及参数进行严格控制，在试桩后取得合理、可靠的工艺参数。

对于地下水位较高或有含承压水的砂性地层，盾构进出洞时的地下水控制较为复杂，稍有不慎，可能引起涌水和涌砂的险情。此工况下盾构进出洞，通常采用水泥系加长土体加固范围的方法，包裹整台盾构设备，并通过从盾尾注浆形成环箍，以达到封闭渗漏通道的目的。但是该方法要求现场能提供加固的作业空间，易受地面条件限制，且加固质量难以保证。在超厚富水砂层中采用传统加固方式能保证盾构正常始发与接收，但要对其经济性、可靠性进行充分论证，选取合理且经济实用的端头加固方式，以确保盾构始发与接收安全。

2.1 加固目的

在盾构法隧道施工过程中，盾构始发与接收施工占有举足轻重的位置。我国采用盾构法修建城市地铁过程中，大多数事故的发生都与盾构始发与接收阶段端头土体加固范围、强度等因素有关。端头土体加固是否能满足强度和稳定性要求，直接关系到盾构能否正常进出洞。在盾构始发与接收施工过程中，洞门拆除后端头土体会暴露，导致出现较大的临空面。由于端头处土体临空面的出现，此处土体原有的应力平衡被打破，导致端头处土体存在潜在的滑移破坏面，端头处土体在水土应力的作用下向车站内发生移动。对于自稳时间较短的土体，如松散的砂土、粉土及饱和的软黏土等，盾构端头处土体的加固显得尤其重要。

盾构始发与接收施工过程中最为常见的问题主要有五种：①端头土体加固范围无法满足设计要求；②端头土体加固效果不好；③洞门密封失效；④端头土体失稳破坏；⑤盾构始发与接收工作井周围发生透水、塌方等。以上盾构始发与接收施工过程中常见的工程问题，可以总结为两点：一是端头加固土体强度问题；二是端头加固土体稳定性问题。这也是目前我国盾构始发与接收施工过程中存在的主要问题。

盾构端头土体加固的主要目的有四点：①使加固土体满足强度要求；②使加固土体满足稳定性要求；③使加固土体满足堵水和渗透性要求；④使加固土体满足变形特征要求。通过对盾构端头土体的加固，确保盾构进出洞施工安全。

2.2 加固方式选择

端头加固可以单独采用一种工法，也可以采用多种工法相结合的综合加固手段，其主要取决于地质情况、地下水、覆土厚度、盾构机型和施工环境，同时还要考虑安全性、可操作性、经济性、进度等因素。对于先期施工的车站顶板施工已完成并还路通车的，需加固区内近距离存在给水、排水管路和周边存在建筑物等设施。当地面无法采取垂直加固施工措施对端头进行加固时，必须考虑水平加固方式或其他可替代始发与接收的方法，如钢套筒接收、始发等方法。结合哈尔滨地铁2号一期工程沿线由北向东南穿过的地貌单元特征，初步设计确定以高压旋喷加固方式为主，在高风险源处为确保端头加固质量，增加外包素连墙结构；施工过程中针对实际情况，在松花江漫滩采用高压旋喷加固辅以降水、高压旋喷加外包素连墙；在松花江阶地的哈尔滨火车站环境条件复杂，端头管线众多，无法进行地面垂直加固，需采用水平冻结加固法；岗阜状平原由于地下水位较低，满足地面垂直加固条件的可采用高压旋喷加固，无法满足地面垂直加固条件的可采用水平注浆加固、大管棚加固等方法。

2.3 高压旋喷加固施工技术

高压旋喷加固技术是利用钻机将旋喷注浆管及喷头钻置于桩底设计高程，预先配制好的浆液通过高压发生装置获得巨大能量后，从注浆管边的喷嘴中高速喷射出来，形成一股能量高度集中的液流，可直接破坏土体。在喷射过程中，钻杆边旋转边提升，使浆液与土体充分搅拌混合，在土中形成具有一定直径的柱状固结体，从而使地基得以加固。根据成桩形式分为旋喷注浆成桩、定喷注浆成桩和摆喷注浆成桩。喷射注浆的加固半径与许多因素有关，如喷射压力P、提升速度S、被加固土的抗剪强度τ、喷嘴直径d和浆液稠度B等。加固范围与喷射压力P、喷嘴直径d成正比，与提升速度S、土的抗剪强度τ和浆液稠度B成反比。加固体强度与单位加固体中的水泥掺入量与土质有关。

2.3.1 高压旋喷加固施工工艺

1. 施工准备

（1）平整场地：采用人工或机械对加固场地进行平整并压实。

（2）测量放线：根据设计的施工图和坐标网点测量、放出施工轴线，在施工轴线上确定孔位，编上桩号、孔号、序号，依据基准点测量各孔口地面高程。

（3）开挖泥浆沉淀池：在加固区外开挖一个泥浆沉淀池，沉淀泥浆是为了防止上返泥浆外流造成污染，也可使水泥浆液得以回收利用。

（4）设备及管路连接：高压旋喷的主要设备包括地质钻机（XY-100）、高压注浆泵（XPB-90E）、旋喷钻机（VY-60）、空压机和灰浆搅拌机等，设备到位后，连接各设备的电线路和风、水、输浆管路，同时进行机具设备的检修和调试。

2. 钻孔钻机就位

钻孔钻机就位时钻头要准确居中定位，钻孔位置与设计位置偏差需小于10 cm。钻架矫正摆平，钻杆垂直，垂直度小于等于1.5%。

3. 造孔

造孔采用跳孔旋喷法，钻孔孔口采用套管保护，可采用泥浆护壁回转钻进、冲击套管钻进和冲击回转跟管钻进等方法。开始钻孔与钻孔过程中要随时注意钻杆的偏斜情况，并及时矫正。钻孔终了时，测量钻杆、钻具长度，孔深大于20 m时，进行孔内测斜。

4. 搅拌制浆

利用灰浆搅拌机，将水与42.5普通硅酸盐水泥按1∶1的水灰比充分搅拌均匀制备水泥浆液，随时拌制，随时喷注。

5. 插管喷浆

插管喷浆时旋喷机具首先就位，校正机架水平度和喷浆管的垂直度，灌注管插入高喷孔前先采用中等压力试喷，以检查喷射和灌浆系统是否畅通。然后用卷扬机将灌注管插入钻孔设计深度，开始喷射灌浆作业，按成桩试验确定提升速度和旋转速度，边提升喷灌管边旋转，待喷管达到设计长度范围内停止喷浆，将灌注管提出孔口，在钻孔内进行静压灌浆，防止固结体形成凹形。

6. 移动机架和冲洗管路

灌注完毕后，移动机架，清洗灌浆泵和输浆管路，开始下一个孔的施工。

2.3.2 单管旋喷法、双管旋喷法和三重管旋喷法

1. 单管旋喷法

单管旋喷法仅喷射水泥浆，通过单根管路，利用高压泥浆（20～40 MPa）喷射冲切破坏土体，成桩直径一般为40～60 cm，水泥用量一般为200 kg/m，提升速度为20 cm/min。此方法加固质量好，施工速度快，成本低，但固结体较小。

2. 双管旋喷法

双管旋喷法又称浆液气体喷射法，是在单管旋喷法的基础上加压缩空气，并使用双通道的二重注浆管。在此管的底部侧面有一个双重喷嘴，高压浆液以20～40 MPa的压强从内喷嘴中高速喷出，在射流的外围加以0.8 MPa左右的压缩空气喷出，同时使高压水泥浆和空气两种介质喷射流横向喷出，冲击破坏土体。在高压浆液和其外圈环绕气流的共同作用下，破坏土体的能量显著增大，在土中形成直径明显增加的柱状固结体，其直径达到80～150 cm，水泥用量一般为300 kg/m，提升速度为10～20 cm/min。

3. 三重管旋喷法

三重管旋喷法是一种浆液、水、气喷射法,利用分别输送浆液、水、气三种介质的三重注浆管,在高压泵等高压发生装置产生高压水流的周围环绕一股圆筒状气流,进行高压水流喷射流和气流同轴喷射冲切土体,可以减少水射流与周围介质的摩擦,避免水射流过早雾化,增强水射流的切削能力。同时借助空气的上升力把被破碎的土从地表排除,形成较大的空隙,在地基中形成较大的负压区,再由另一个喷嘴喷出的低压力水泥浆充填空隙,注入被切削、搅拌的地基中。喷嘴做旋转和提升运动,使水泥浆与土体混合,在土体中凝固,形成较大的固结体,达到加固目的。旋喷桩加固直径可达100~200 cm,水泥用量一般为400 kg/m,提升速度为10~20 cm/min。

4. 三种旋喷法参数

高压旋喷喷浆参数应根据地质情况、旋喷方法及地下水流动性的影响,按照现场试喷桩的试验结果确定各种旋喷法的参数,旋喷试验桩不得少于5根。根据旋喷试验桩效果,确定合适的水泥浆密度、喷浆量、喷浆压力、喷浆提升速度等施工工艺参数,为正式施工提供依据。表2.1为高压旋喷工艺参数对比表,仅供参考。

表 2.1　高压旋喷工艺参数对比表

项目	单管旋喷法	双管旋喷法	三重管旋喷法
水压力 / MPa	—	—	30 ~ 40
流量 / (L·min^{-1})	—	—	70 ~ 80
喷嘴数量 / 个	—	—	2
喷嘴直径 / mm	—	—	1.7 ~ 1.9
气压力 / MPa	—	0.6 ~ 0.8	0.6 ~ 0.8
流量 / (m^3·min^{-1})	—	0.8 ~ 1.2	0.8 ~ 1.2
气嘴数量 / 个	—	2 或 1	1
环状间隙 / mm	—	1.0 ~ 1.5	1.0 ~ 1.5
喷浆压力 / MPa	30 ~ 40	30 ~ 40	0.2 ~ 1.0
流量 / (L·min^{-1})	60 ~ 70	60 ~ 70	60 ~ 80
密度 / (g·cm^{-3})	1.4 ~ 1.5	1.4 ~ 1.5	1.5 ~ 1.7
直径 / cm	≤ 60	80 ~ 150	100 ~ 200
提升速度 / (cm·min^{-1})	20	10 ~ 20	10 ~ 20

2.3.3　高压旋喷加固施工技术注意事项

(1)场地平整夯实,钻机平稳、牢固,钻机主钻杆对准孔位,机体水平,立轴垂直。

(2)开孔应设套管保护孔口,口径应大于喷射管外径20 mm,以保证喷射时正常返浆、冒浆。

(3)钻进过程中随时注意地层变化,详细记录孔深、塌孔、漏浆等情况;为防止塌孔应采用泥浆护壁，黏土泥浆密度一般为1.1～1.25 g/cm³。

（4）终孔后将孔内残留的岩芯、岩粉捞取干净，换入新的泥浆，钻孔完成后及时将孔口盖好，以防杂物掉入孔内，保证高喷顺利下管。

（5）钻孔验收合格后，方可进行高压喷射注浆，下管前应做以下检查。

①测量喷射管长度，测量喷嘴中心线是否与喷射管箭头方向一致，喷射管应标识尺度。

②应进行地面水、气、浆液试喷，即使设计喷射压力+管路压力满足要求，地面试喷经验收合格后，下入喷射管时，应采取措施防止喷嘴堵塞。

③孔内沉淀物较多时，应事先准备黏土泥浆，下喷射管时边冲入泥浆边下管；当采用套管护壁时，下放喷射管后拔出护壁套管。

（6）浆液制备时，搅拌机的转速、拌和能力应分别与所搅拌浆液类型和灌浆泵的排浆量相适应，并应保证均匀、连续地拌制浆液，保证高压喷射注浆连续供浆的需要。

①水泥浆的搅拌时间，使用高速搅拌机时不少于60 s，使用普通搅拌机时不少于180 s。

②浆液随拌随用，搅拌存放时间从制备至用完应少于2.5 h。

③浆液应过筛后使用，并定时检测其密度。

（7）高压喷射注浆应自下而上连续作业，因故中断时应采取搭接喷射方式。

①喷射过程中拆卸喷射管时，应进行下落搭接复喷，搭接长度不小于0.2 m。

②喷射过程中因故中断后，恢复喷射时应进行复喷，搭接长度不小于0.5 m。

③喷射中断超过浆液初凝时间时，应进行扫孔，恢复喷射时，复喷搭接长度不小于1 m。

（8）高压喷射注浆喷射过程中出现压力突降或骤增情况时，必须查明原因，及时处理；孔内漏浆时，应停止提升，直至不漏浆再继续提升；孔内严重漏浆时，应停止喷射，提出喷射管，采取堵漏措施。

（9）高压喷射注浆孔口冒浆量能反映被喷射切割地层的注浆效果，孔口冒出的浆液要尽可能地回收利用。在注浆过程中，冒浆量小于注浆量的20 %的情况为正常现象，出现冒浆量超过20 %或完全不冒浆的情况时，应查明原因，并采取相应的措施。

①当地层中有较大空隙引起冒浆时，可在浆液中掺和适量的速凝剂或增大浆液浓度或喷射双液浆，缩短固结时间，使浆液在一定的土层范围内凝固，也可在空隙地段增大注浆量，填满空隙后继续喷射。

②当冒浆量过大时，可提高喷射压力或加快喷射的提升速度，减少冒浆量。

③当孔口少量返浆时，应降低提升速度；当孔口不返浆时，应立即停止提升，降低喷射压力和流量，进行原位注浆。

（10）每一孔的高压喷射注浆完成后，应及时清洗灌浆泵和输浆管路，防止因清洗不及时、不彻底使浆液在输浆管路中沉淀结块，堵塞输浆管路和喷嘴，从而影响下一孔的施工。

2.3.4 端头加固范围

盾构端头加固范围应根据工程地质及水文条件确定，原则上加固体长度应以包裹盾体长度为宜。一般情况下，富水砂层地区盾构区间始发端旋喷桩加固范围沿隧道纵向伸长10 m，盾构区间到达接收端旋喷桩加固范围沿隧道纵向伸长12 m，以保证盾构机完全进入加固区后通过壁后注浆能形成有效封堵环，防止盾尾后地层中的砂土窜入刀盘前方。为保证端头的加固效果，加固体沿隧道方向呈方柱状，竖直方向加固范围靠车站围护结构端在开挖隧道上下各3 m范围内，另一端在开挖隧道上下各3 m范围内；横向加固范围靠车站围护结构端在开挖隧道左右各3 m范围内，另一端同样在开挖隧道左右各3 m范围内，旋喷桩加固范围平面图如图2.1所示。

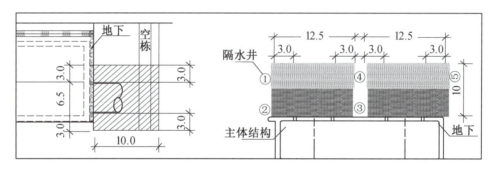

图 2.1　旋喷桩加固范围平面图（单位：m）

在大龙区间试验桩成桩过程中，发现15 m以下的（7-2）中砂层中，高压旋喷成桩质量较差，其主要原因为该层与松花江水力联系密切，地层富水性好，透水性强，渗透系数达51.67 m/d，地下水流速影响了水泥浆液的凝固，导致15 m以下难以成桩。首先采取调整浆液浓度的方法，将水灰比调整至（0.6～0.8）∶1，但效果并不明显。后利用喷射灌注水泥-水玻璃双液浆成桩试验，缩短了浆液凝固时间，成桩效果较好。最后在加固范围周边沿外围采用高压旋喷水泥-水玻璃双液浆，并将外围旋喷桩较设计深度加深1～1.5 m，使外围形成一道隔水墙，然后在内围再采用水灰比为1∶1的纯水泥浆进行高压旋喷加固，使加固效果得到明显改善。

2.3.5 效果检查

端头加固完成后，在盾构始发与接收前应对端头加固效果进行检查。旋喷咬合成桩28 d后，通过取芯钻机在4处咬合桩的中心点钻取岩芯，观察其岩样的完整性和均匀性，拍摄取出芯样照片。每个钻孔在细砂和中砂层取样做无侧限抗压强度试验，使抗压强度不少于1 MPa，并做渗透试验，使渗透系数小于1×10^{-6} cm/s。取芯后的孔洞采用1∶1水泥浆灌注封闭，加固体水平取芯及探孔图如图2.2所示。

图 2.2　加固体水平取芯及探孔图

在洞门环梁内上下、左右及中部大致均匀布置9个水平探孔，检查端头加固的效果，探孔深度不小于2.5 m，钻孔过程要密切观察渗、漏水情况，如发现异常应立即停止钻进分析原因，采取埋设注浆管进行水平注浆等处理措施。

2.4　旋喷加外包素地连墙加固施工技术

在繁华城区施工时，建筑物密集，地下综合管线众多，且距离地铁线路较近，周边环境条件复杂，沉降控制标准要求高。为确保建筑物稳定和综合管线的安全性，在盾构始发与接收端头加设外包素混凝土地下连续墙，对加固端头区域进行围蔽，隔断加固区与外围的地下水连通，并在围蔽范围内进行井点降水。在此基础上，利用双管旋喷法、三管法旋喷法对加固区土体进行加固，以提高旋喷桩成桩质量，保证端头加固起到良好的效果，如图2.3所示。

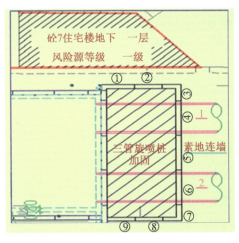

图 2.3　旋喷加外包素地连墙平面图

2.4.1 高压旋喷加地下连续墙施工工艺

高压旋喷加地下连续墙施工工艺是在加固体外围先进行地下素连续墙施工，此工艺采用C15素混凝土，连续墙深度较加固体深1 m左右，然后在连续墙的隔水作用下进行高压旋喷加固施工。地下连续墙成槽采用液压抓斗成槽技术，加固体采用高压旋喷加固方法，其工艺流程如下。

1.测量放线

按照端头加固设计图纸，用全站仪放出外包素地下连续墙的轴线，并放出导墙位置。

2.导墙施工

导墙是控制地下连续墙各项指标的基准，起支护槽口土体、承受地面荷载和稳定泥浆液面的作用。导墙形式采用"┐ ┌"形现浇钢筋混凝土结构，壁厚为200 mm，深度为2 m。导墙基坑采用小型挖掘机开挖，人工配合清底，绑扎钢筋，立模板。模板采用18 mm厚胶合板，浇筑C20混凝土，采用插入式振捣器振捣密实。

3.连续墙施工

（1）槽段划分：根据设计图纸和测量控制桩点布设控制网点，进行连续墙放样测量，在导墙上精确画出分段标记线。

（2）槽段开挖：标准槽段地层采用液压抓斗成槽机抓土，三序成槽，先挖两边，再挖中间，开挖过程中要实测垂直度并及时纠偏，开挖出的渣土装入自卸汽车运至渣土池集中堆放。

（3）成槽质量检查：槽段开挖结束后，检查槽位、槽深、槽宽及槽壁的垂直度，验收合格后方可进行清底换浆。

（4）清底换浆：成槽完毕之后在全槽段内采用泵吸法进行清基。当槽底沉渣已经清除干净时，及时补充优质新鲜泥浆进行换浆，保证槽底沉渣厚度≤100 mm，泥浆密度≤1.15 g/cm^3、黏度为20~30 Pa·s。

（5）灌注水下混凝土：采用导管法灌注水下混凝土，采用一对ϕ250 mm导管灌注架对称浇筑。导管以丝扣连接并用环状橡胶垫密封，使用前进行水密试验，试验压力为0.6~1.0 MPa。导管通过灌注架利用卷扬机进行提升。

4.高压旋喷加固

在外包素地下连续墙范围内采用高压旋喷钻机进行土体加固，其工艺操作见2.3.1节。

5.效果检查

在旋喷桩咬合部位进行钻芯取样，检测加固强度和渗透系数是否满足设计要求；在洞门环梁内钻9个水平探孔，检查洞门是否存在渗漏水情况，确保盾构始发与接收安全。

2.4.2 施工技术要求

（1）防止槽段坍塌。

①在软弱地层或流砂层抓土时，应放慢抓土速度并适当加大泥浆密度，控制槽段内

液面高出地下水位0.5 m以上。

②根据土质情况选用合格泥浆，并通过试验确定泥浆密度，一般泥浆密度不应小于1.05 g/cm³。

③泥浆配置时使其充分溶解，并储存24 h以上再进行熟化，严禁将膨润土和火碱等直接倒入槽中。

④局部坍塌时，可加大泥浆密度，用液压抓斗直接抓取；严重塌孔时，要拔除液压抓斗并填入较好的黏土重新抓取；如发现大面积坍塌，应将抓斗提出地面，用优质黏土（掺入20%水泥）回填至坍塌处以上1~2 m，待沉积密实后再进行抓取。

（2）安装导管时，两套导管间距不大于3 m，导管距槽段端部不大于1.5 m，导管距槽底控制在30~50 cm内，混凝土灌注前在导管内临近泥浆面位置吊挂隔水栓。

（3）灌注时各导管同步灌注混凝土，保持混凝土面呈水平状态上升，其混凝土面高度差不得大于50 cm。灌注过程中，要及时测量测混凝土面上升高度，导管埋深应为2~6 m，灌注应连续进行，中断时间不得超过30 min，直至灌到加固体顶面设计标高处。

（4）特别注意素地下连续墙与主体围护结构地下连续墙的连接部位，由于地下连续墙刷壁不彻底，导致老旧混凝土之间衔接不紧密，此处容易发生渗漏。因此，应在连续墙外侧角部位置，采用咬合的方式，用三四根高压旋喷进行加固止水。

2.4.3 加固范围

盾构端头加固范围应根据工程地质及水文条件确定，原则上加固体长度应以包裹盾体长度为宜。一般情况下，富水砂层地区采用外包素地下连续墙加高压旋喷施工时，横向加固宽度可与主体结构同宽，中间部分根据两线的净间距确定，若净间距<6 m，则两侧加固范围不超过3 m，若净间距≥6 m，则两侧加固范围在素地下连续墙范围内全部咬合加固，竖向加固范围为开挖隧道上、下各3 m，纵向加固范围为盾构始发端头长为10 m，盾构接收端头为12 m。在有黏土隔水层的情况下，若隔水层处于底板下不深位置，则素地下连续墙应伸入黏土隔水层中；若隔水层较深，则素地下连续墙较加固体加深1~1.5 m。

2.5 水平冷冻法加固施工技术

2.5.1 冷冻法加固原理

冷冻法加固原理：通过在结构墙上的预埋套管，或在围护结构上用水钻引孔安装套管，采用气锤夯击打入冻结管，利用冷冻设备将冷冻剂冷却到-20~-30 ℃，用循环泵和插至冻结管深处的聚氯乙烯供液管将盐水送入冻结管，经低温盐水长时间连续地吸取管外的热量，使周围地层冻结。盐水吸取地层的热量后温度上升，在循环泵的作用下，经回路管回到冷冻设备和制冷剂接触而重新冷却。经过反复循环作用，使冷却管周边土体的冻结直径随着时间增长而增大，冻结的土体互相交接形成密实而闭合的冻土墙，起到承受水土压力等荷载并阻隔地下水的作用。

2.5.2 冻结壁设计

1. 冻结壁计算

（1）荷载计算。

冻土墙外侧受土层侧压力作用，取上覆土层的平均重力作用密度为 $\gamma=18.5\ \text{kN/m}^3$，超载 $q_n=20\ \text{kPa}$。按洞口下缘埋深 $H=16.92\ \text{m}$ 计算，得出冻土墙所受最大主动土压力为（侧压力系数取0.7）0.233 MPa。

（2）冻土墙厚度。

按受均布法向荷载的圆板计算冻土墙的承载能力，可以采用以下方法。

① 按日本设计公式计算。

日本关于加固体厚度 h 的计算公式为

$$h = \left[\frac{kBPD}{2\sigma}\right]^{1/2} \tag{2.1}$$

计算得出冻土墙厚度为1.37 m，计算参数与结果见表2.2。

表 2.2　按日本设计公式计算的计算参数与结果

冻土平均温度 $T/℃$	冻土抗拉强度 σ /MPa	荷载 P /MPa	开挖直径 D/m	系数 B	安全系数 k	冻土墙厚度 h/m
−10	1.5	0.233	6.7	1.2	3	1.37

② 按我国建筑结构静力计算公式计算。

圆板中心所受最大弯曲应力的计算公式为

$$\sigma_{\max} = \frac{P(D/2)}{16}(3+\mu)\frac{6}{h^2} \tag{2.2}$$

取冻土墙厚度为1.40 m，计算参数与结果见表2.3。

表 2.3　按建筑结构静力计算公式的计算参数与结果

荷载 P/MPa	开挖直径 D/m	冻土泊松比 μ	计算最大弯曲应力 $\sigma_{\max}$ /MPa	冻土抗拉强度 σ /MPa	安全系数 k	冻土墙厚 h/m
0.233	6.7	0.3	0.493	1.5	3.0	1.4

③ 冻土墙抗剪计算。

沿工作井开洞口，周边冻土墙承受的最大剪应力为

$$\tau_{\max} = \frac{PD}{4h} \tag{2.3}$$

取冻土墙厚度为0.7 m，计算得出剪应力为0.558 MPa，安全系数为3.23，满足设计要求，计算参数与结果见表2.4。

表 2.4 冻土墙抗剪验算的计算参数与结果

荷载 P/MPa	开挖直径 D/m	冻土墙厚 h/m	计算最大剪应力 $\tau_{\max}$/MPa	冻土剪切强度 τ/MPa	安全系数 k
0.233	6.7	0.7	0.558	1.8	3.23

根据上述计算，最后设计冻土墙的最小厚度为1.4 m，本工程选择的冻结壁厚度为2.0 m，保证冻土墙厚度有足够的安全储备，满足强度要求。

2. 冻结孔布置和深度

盾构进洞：外圈冻结孔深度为6.7 m，有效深度为5.0 m；内圈冻结孔深度为3.3 m，有效深度为2.5 m。

盾构出洞：外圈冻结孔深度为11.7 m，有效深度为10 m；内圈冻结孔深度为3.3 m，有效深度为2.5 m，如图2.4所示。

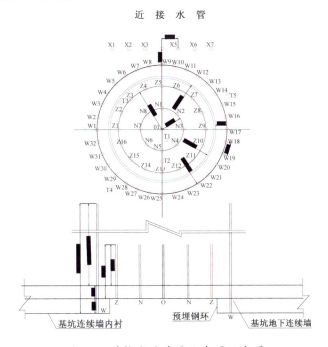

图 2.4 盾构水平冻结孔布置示意图

3. 冻结参数

冻结参数见表2.5。

表 2.5 冻结参数

序号	参数名称	单位	出洞	进洞	备注
1	单根冻结管长度	m	11.7/3.3	6.7/3.3	外圈/内圈
2	冻结管设计有效长度	m	10/2.5	5/2.5	外圈/内圈
3	冻结壁设计平均温度	℃	<−10	<−10	—
4	冻结壁交圈时间	d	18～20	18～20	—
5	积极冻结时间	d	30	30	—
6	维持冻结	d	7	7	凿除洞门，拔管
7	外圈冻结孔个数/深度	个/m	32/11.7	32/6.7	—
8	中圈冻结孔个数/深度	个/m	16/3.3	16/3.3	—
9	内圈冻结孔个数/深度	个/m	9/3.3	9/3.3	—
10	测温孔个数/深度	个/m	5/11.7/3.3	5/6.7/3.3	数目/外圈/内圈
11	泄压孔个数/深度	个/m	7/4.6	7/4.6	根据水管位置确定
12	冻结孔开孔间距	m	0.772～1.135	0.772～1.135	—
13	冻结孔最大偏斜值	%	≤1%	≤1%	—
14	设计最低盐水温度	℃	−28	−28	—
15	单孔盐水流量	m³/h	5	5	—
16	冻结管规格	mm	ϕ89	ϕ89	—
17	测温管规格	mm	ϕ89	ϕ89	—
18	冻结管总长度	m	456.9	296.9	—
19	计划需冷量	×10⁴ kcal/h	4.44	2.67	—

2.5.3 冻结施工准备

1. 冻结站平面布置

冻结施工临时工程施工场地面积约为214 m²，布置在盾构工作井内部，主要在车站底板、中板上安放冷冻机房、冷却水池，以及作为管材材料、配件的堆放、加工等地，冻结系统平面布置示意图如图2.5所示。

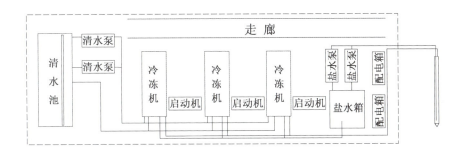

图 2.5 冻结系统平面布置示意图

2. 冻结孔施工准备

（1）从指定电源用120#电缆接入工作面供电，以保证施工用电顺畅。

（2）铺设上水管到钻孔工作面，在端头井安装排污泵各1台。

（3）安装冻结孔施工升降平台。

3. 冻结管、测温管、泄压管材料准备

冻结管选用 $\phi89$ mm × 8 mm规格20#低碳钢无缝钢管，采用夯管法施工，丝扣对焊连接，其中内圈冻结管采用单个钢管一次成型，不设置连接点。

测温管、泄压管规格及材质均与冻结孔一致。

2.5.4 冻结孔施工

1. 水平冻结孔施工

水平冻结孔施工工序：定位开孔及孔口管安装→孔口密封装置安装→钻孔→测量→打压试验。

（1）定位开孔及孔口管安装。根据设计孔位图放样各孔位置，首先注意内衬结构内主筋干涉时，应调整孔位，用开孔器（配金刚石钻头取芯）按设计角度开孔，开孔直径为121 mm，当开到深度300 mm时停止钻进，安装孔口管。

孔口管的安装方法：首先将孔口处凿平，安装好四个膨胀螺丝，然后在孔口管的鱼鳞扣上缠好麻丝或棉丝等密封物，将孔口管砸进去，用膨胀螺丝连接钢板与孔口管，再焊接牢固。将孔口管固定牢固后，装上DN100球阀，再将球阀打开，用开孔器从球阀内开孔，开孔直径为96 mm，一直将内衬及围护结构开穿，如此时地层内的水砂流量大，应及时关好球阀。

孔口管安装角度均为0°。当第一个孔开通后，若没有涌水、涌砂现象出现，则可继续开孔施工；若涌水、涌砂现象较严重，则应当进行注水泥浆（或双液浆）止水及地层补浆。

（2）孔口密封装置安装。用螺丝将孔口密封装置装在球阀上，注意加好密封垫片，如图2.6所示。

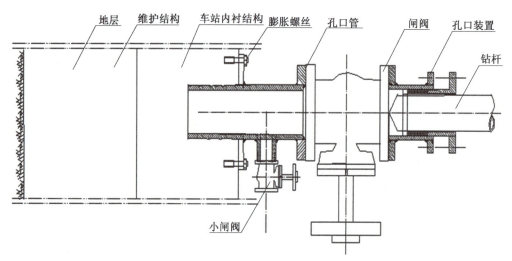

图 2.6 孔口密封装置安装示意图

（3）钻孔。如受端头井内梁、板等结构限制冻结孔不能按设计布置，可按放射状钻进冻结孔，即孔底位置按设计确定，开孔位置向预留洞门边缘移动。

冻结孔施工顺序：先施工冻结孔，再施工测温孔；先施工下部的冻结孔，再施工上部的冻结孔，最后施工泄压孔。

在现场进行冻结管配管时，记录各节管材长度并依次编号。每节冻结管长度应尽量长，并且必需顺直。

（4）测量。下好冻结管后，采用灯光测斜法测量，并复测冻结孔深度。

（5）打压试验。完成测斜后进行打压试漏，冻结管试漏压力为0.8 MPa，稳定30 min，压力不降者试漏合格。

2. 安装供液管

打压试漏合格后，在冻结管内安装供液管。记录每节供液管的长度，核对供液管长度与冻结管长度保持一致无误。

3. 冻结孔质量要求

（1）施工前应根据端头井结构施工图及实际施工情况准确定位。冻结孔开孔位置误差不得大于100 mm，钻孔最大偏斜值不得大于250 mm。冻结孔开孔应避开结构主梁（柱）及结构主筋。冻结孔终孔间距应满足相关技术规程。

（2）冻结孔最大允许偏斜率不大于1%。施工钻孔必须进行终孔测斜，并根据设计施工图与实测结果确定钻孔偏斜尺寸与钻孔成孔位置，以确定是否需要补孔及补孔位置。

（3）冻结孔有效深度不小于冻结孔设计深度。冻结管端头不能循环盐水的管头长度不得大于150 mm。

（4）管路连接均采用加内衬管对焊连接，内衬管材质与管路材质相同，焊条采用E43系列，其质量应符合有关规定。

（5）冻结管下入地层后必须进行试压，试验压力应为0.8 MPa，经试压30 min后，压力下降不超过0.05 MPa，再延续试压15 min，压力不变为合格。

（6）冻结管放入地层长度既不得小于设计冻结深度，也不得大于设计冻结深度0.5 m。

（7）冻结管接头抗拉强度不小于母管的80%，需要拔除的冻结管应避免接头。

2.5.5 冻结系统安装

1. 冻结制冷设备选型与管路设计

（1）选用JYSLG16F型冷冻机组2套（其中1套备用），当盐水温度为-28℃，冷却水温度30℃时，其最大制冷量为8.6×10^4 kcal/h，冷冻机组电机总功率为125 kW。

（2）选用IS150-400盐水循环泵2台(1台备用)，流量为200 m³/h，扬程为50 m，电机总功率为37 kW。

（3）选用IS300-400冷却水循环泵2台(1台备用)，流量为200 m³/h，扬程为20 m，电机总功率为18.5 kW。

（4）选用FBN-30型冷却塔3台，每台电机功率为3.0 kW。

（5）设盐水箱一个，容积为3~4 m³。

（6）盐水干管和集、配液管均选用ϕ159 mm×5 mm焊接钢管，集、配液管与羊角连接选用ϕ38.1mm高压胶管。

（7）在去、回路盐水管路上安装压力表、温度传感器和控制阀门。在盐水管出口安装流量计。盐水箱安装液面指示器。在配液圈与冻结器之间安装阀门，以便控制冻结器盐水流量。

（8）冻结器连接采用串、并联方式，水平冻结每组串联冻结孔累计长度为50~60 m。

（9）冻结站冷却水新鲜用量为10 m³/h。选用N46冷冻机油和R22制冷剂。氯化钙溶液（盐水）比重为1.260~1.265 g/cm³。

2. 管路连接、保温与测试仪表安装

盐水和冷却水管路铺在地面管架上，以法兰连接。温度计、压力表和流量计安装要按有关规范进行。盐水管路经试漏、清洗后用聚苯乙烯泡沫塑料保温，保温层厚度为50 mm，保温层的外面用塑料薄膜包扎。集配液圈与冻结管用耐高压胶管连接。

冷冻机组的蒸发器及低温管路用软质泡沫塑料保温材料保温，盐水箱和盐水干管用50 mm厚的聚苯乙烯泡沫塑料保温。

冻结器连接示意图如图2.7所示。

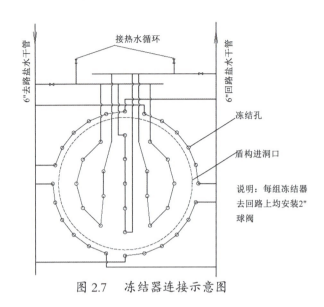

图 2.7　冻结器连接示意图

3. 溶解氯化钙和机组充氟加油

先在盐水箱内注入约1/4的清水，然后开泵循环并逐步加入固体氯化钙，直至盐水质量分数达到设计要求。溶解氯化钙时要去除杂质。盐水箱内盐水不能太满，以免高于盐水箱口的冻结管在盐水回流时溢出盐水箱。

机组充氟和冷冻机加油按照设备使用说明书的要求进行。先进行制冷系统的检漏和氮气冲洗，在确保系统无渗漏后，再充氟、加油。

2.5.6　积极冻结与洞门凿除

1. 冻结系统试运转与积极冻结

设备安装完毕后进行调试和试运转。在试运转时，要随时调节压力、温度等各状态参数，使机组在有关工艺规程和设计要求的技术参数条件下运行。在冻结过程中，定时检测盐水温度、盐水流量和冻结壁扩展情况，必要时调整冻结系统运行参数。冻结系统运转正常后进入积极冻结，要求一周内盐水温度降至−18 ℃以下。

2. 洞门凿除

实测测温孔温度，当冻结壁平均温度和厚度达到设计值时，可破除洞门围护结构钢筋混凝土。破除围护结构钢筋混凝土时，应密切注意破除围护结构时是否破坏冻结管，一旦发现冻结管漏盐水，应及时关闭该冻结器，并焊接补好漏点。

先凿除围护结构（厚度为800 mm）至内层钢筋，割掉外侧围护结构钢筋，保留里侧围护结构钢筋和300 mm的混凝土，剩余300 mm厚混凝土层待拔除冻结管后再凿除。为了安全破除洞门，需要合理地安排施工，洞门破除按照由上至下、由两边向中间顺序进行。

2.5.7 冻结管的拔除

在盾构进出洞前,凿除围护结构至内层钢筋后可进入拔管工序,拔管期间外圈冻结管保持正常运转。

拔管方法与步骤如下。

(1)安装强制解冻热水循环系统,如图2.8所示。

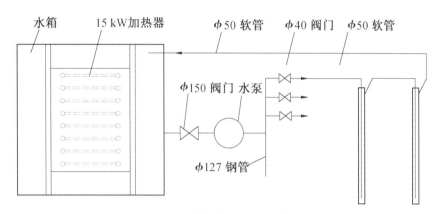

图 2.8 强制解冻热水循环系统示意图

(2)以每1或2组冻结孔为一批,在冻结孔中循环热盐水。

(3)待冻结管周围冻土融化1~3 cm时,及时用葫芦拔松动冻结管。

(4)水平冻结孔拔管后,用预制水泥砂浆圆柱封孔,水泥砂浆标号为M5~M10,预制圆柱直径与冻结管一致。

(5)预计冻结孔正常起拔力为(0.1~5)×10⁴ N。冻结管的破断力约为32×10⁴ N,要求起拔力小于5.0×10⁴ N。一旦不能拔出冻结管,可利用两个5 t的千斤顶架设在围护结构上,水平向外顶推冻结管,如图2.9所示。

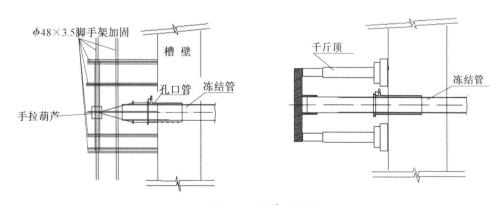

图 2.9 拔管示意图

2.5.8 冻结管免拔技术

常规冻结管采用的材质为碳素钢,在冻结效果达到设计要求后,需要把洞圈内部的冻结管拔除后盾构才可以正常推进。正常拔管耗费时间较长,一般需8~10 h,且拔管前需临时解冻;碳素钢在低温条件下会变脆,在进行拔除作业时存在断管风险,一旦拔断,处理过程会异常复杂,耗时较长,土体会发生回温解冻,导致盾构进出洞存在较大的风险。为避免拔断冻结管造成的施工风险,洞门环梁内采用PVC管作为冻结管,规格型号为 $\phi 90$ mm × 7 mm,PVC管在冻结后变脆,盾构刀盘可以直接切削冻结管,不需要进行拔管作业,避免了拔管时可能出现的断管、涌水、涌砂等险情,提高了盾构机进出洞的安全性,其缺点是PVC管较钢管传热性能差,故冻结时间比钢管长10 d左右,冻结管数量、间距等参数也发生相应改变。此技术的具体实施步骤如下。

(1)先采用 $\phi 121$ mm的金刚石钻头在围护结构或内衬墙上钻进400~500 mm取芯开孔,安装固定孔口装置和压紧装置,再换用 $\phi 96$ mm金刚石钻头,将内衬墙和围护结构钻透,然后换上 $\phi 89$ mm的冻结管作为钻杆钻进,直到钻至设计孔深。

(2)在制作好的免拔管内和待粘接面上均匀地涂上胶水,将免拔管顺着一个方向旋转插入管件,待完全插入后固定30 min以上。免拔管连接完成后,借用钻进顶下放免拔管,匀速缓慢挤压放入冻结孔,完成免拔管安装。

(3)免拔管下放完成后,可进行打压测试和羊角安装,钢管与PVC管采用法兰连接,免拔冻结孔采用并联的方式接入集、配液圈,连接冷冻主干管道。

(4)积极冻结达到设计要求后,进行洞门凿除,拔出供液管,使盾构能直接进出洞。洞门凿除时,用棉被包裹保护PVC管和法兰,防止混凝土块砸裂冻结管,造成冻结盐水流失,影响冻结效果。

2.5.9 融沉处理

1. 注浆设备

融沉注浆设备选用柱塞或者活塞双液注浆泵,可同时输送两种或者单独输送一种介质,配备注浆压力、注浆流量等准确计量仪表,注浆流量范围为0~70 L/min,且注入双液浆时应配备混合器,在浆液进入地层前混合均匀。

2. 融沉注浆

融沉注浆配合隧道变形监测进行,利用盾构隧道管片上的预留注浆孔和泄压孔作为融沉注浆孔,注浆顺序由下至上(由隧道底部到隧道两侧,再到隧道顶部)进行。融沉注浆以水泥-水玻璃双液浆为主,单液水泥浆为辅,按照少量、多次、均匀的原则进行,注浆压力不大于0.5 MPa,注浆范围为整个冻结区域。水泥-水玻璃双液浆配比:水泥浆与水玻璃溶液体积比为1:1,其中水泥浆水灰比为1:1,水玻璃溶液采用波美度为35°~40°的水玻璃加1~2倍体积的水稀释。

2.5.10 冻结施工关键技术

1. 泄压孔控制冻胀融沉

冻胀融沉对周围环境的最大影响是对近接管线，尤其是对水管的影响，为有效控制地表的冻胀融沉，在加固区域上部1 m位置设置7个泄压孔。主要在积极冻结期间进行泄压施工，并在后期融沉注浆期间将泄压孔作为注浆孔辅助融沉注浆，提高对融沉的控制。

（1）近接管线监测。

① 测点布置。

钻孔施工前在加固区间重要管线周围布置深部监测点，监测点间距为1.5 m，监测范围为加固区及外侧3 m区域。测点埋设采用直接布点方式，用100型钻机钻至排水管顶部位置，为安全性考虑，监测点位置预留5 cm保护层，然后下 ϕ50 mmPVC管至保护层位置，内部插入螺纹钢并在螺纹钢与PVC管之间充填黄砂，外露地面2~5 cm高度。

对于地表临近管道位置监测点采用人工监测，每天夜间进行数据收集，可在数据收集仪区域布置一至两台数据收集仪进行24 h监测，频率20 min/次。

② 前期数据收集及预警数据确立。

进场前需与管线所属单位确认管线的物理力学性能，以及以往沉降数据，确定以往管线受损伤程度，并根据以往已承载变化程度计算确定允许变形的最大安全报警值（计算值的60%）。

（2）泄压孔操作。

① 泄压孔采用压力与沉降参数双控制指标进行泄压控制。

积极冻结期间，地表单日隆起变化率大于1 mm/d时，打开泄压孔进行泄压，泄压频率为2次/h，待地表变化趋于平稳后停止。

融沉注浆期间，地表沉降变化率大于1 mm/d时，利用泄压孔进行注浆控制，待沉降区域平稳后停止泄压孔注浆。

当泄压孔压力大于0.2 MPa时，即进行泄压。

② 泄压孔注浆参数。

地表变化大于日警报值后应及时进行注浆控制，浆液采用双液浆为主，水泥：水玻璃体积比为1∶1，其中水玻璃采用波美度为35°的水玻璃按1∶1比例进行勾兑。

泄压孔注浆遵循少量、多次原则，注浆压力不大于0.5 MPa，单次注浆不大于0.5 m³，注浆完成静置观察2 h后根据情况再确定是否继续注浆。

2. 冻结保温措施

由于施工区域上部在施工前已被覆盖，因此施工中施工区域周围空气流动性差，环境温度有可能偏高。为了保证冻结效果，施工中整个施工面全部采用50 mm厚泡沫保温板进行覆盖，同时所有盐水管路均采用聚乙烯保温板材进行保温。

3. 地层沉降防治施工技术措施

（1）水平冻结孔采用二次开孔工艺开孔，在钻孔过程中要严格控制泥浆压力，做到泥浆压力略大于静水压力，确保冻结孔施工过程中不发生水土流失，并对地层有一定的挤压作用。

（2）安装好水平冻结管后，冻结管与孔口管之间采取注浆封孔，防止漏水。

（3）一旦在水平冻结孔施工过程发生了水土流失，应立即在地层浅部孔进行注浆补偿，注浆量为土体流失量的1~1.2倍。

（4）根据实测地面管线、建筑等沉降情况，必要时在地面进行跟踪注浆。

4. 防寒保护措施

由于施工区域地处严寒地区，冬季气温偏低，因此需注意对部分设备、物资的保护。

（1）现场所有清水管路全部采用聚乙烯材料进行保温包裹，同时施工期间保持持续的清水供应，防止清水管路冻结。

（2）现场所有设备使用完毕并清理结束后，需采用空压机等设备进行干燥处理，避免液体结冰。

（3）现场冷却塔等设备安排专人巡视，一旦发生临时停机，立刻排出清水，避免设备冻结。

5. 拔管关键技术措施

（1）盾构推进区域冻结管拔除时，单次循环数量不宜过多，保持每次循环两根冻结管为宜，若拔管过程发现拔除较为困难，可更改为每次循环单根冻结管。

（2）冻结管加热循环时间不宜过长，加热期间需专人持管钳进行转动，一旦可以转动立即停止循环，进行拔除；如手动葫芦起拔困难，可改为电动葫芦起拔。

（3）冻结管拔除过程中不宜停止过长时间，一旦冻结管拔除过程超过5 min未发生移动，则应重新循环或加大起拔力度，且拔管过程需避免清水落入冻结管内，造成管内水体复冻。

（4）拔管过程中若出现断管情况，可采用拔管器进行重新起拔。拔管器采用焊接钢管连接，深入断管部位后撑大接触面，确保牢固后可重新起拔。

2.5.11 施工监测技术

1. 冻结施工监测

（1）冻结系统监测。

①在去、回路盐水干管上安装精密水银温度计和数字温度传感器，测量频率1次/d。

②与集液圈并联盐水流量计，测量回路冻结器的盐水流量。在开冻时检测，或在发生问题时检测。

③在每个冻结器回路上设置数字温度传感器，测量冻结器的盐水回路温度。

④在盐水箱中安装液面监测装置。

⑤去、回路盐水压力，冷却水压力与温度等的测量频率不少于1次/d。

（2）测温孔温度监测。

按照图纸布设测温孔，每个深测温孔布设3～5个测点，分别布置在靠近围护结构处、测温管中部和测温管头部。每个浅测温孔布设2个测点，分别布置在靠近围护结构处和测温管头部。测量频率为1次/d。温度测量用仪表为多点半导体测温仪，精度为0.5 ℃。

2. 地面及隧道变形监测

（1）监控测量。

①地面监测。在隧道地表边缘30 m范围内布置地表沉降监测点，沿隧道纵向冻结影响区域每5 m设一监测断面，其他区域按每5～10 m布设一个监测断面，沉降槽主要影响区每3 m布设一个测点，其他区域每5 m布设一个测点，监测地表沉降变化量。

沉降监测采用水准仪（精度±0.3 mm/km）从水准控制点开始，按二等水准测量要求测量各监测点的高程，测量闭合差小于±0.5 mm*$\sqrt{N}$（N为测站数）。

②管线监测。温度自动采集系统如图2.10所示。

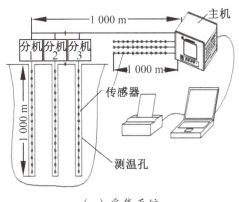
（a）采集系统

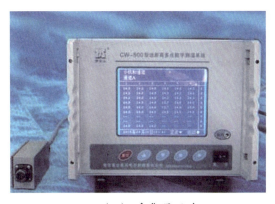
（b）采集器照片

图2.10 温度自动采集系统

③隧道变形监测。隧道内沿纵向方向每5 m布设一个监测断面，起始断面布置于洞门钢环1、2环交接处第2环上，布设隧道管片结构竖向位移和净空收敛监测点。

（2）报警值。

地表沉降监测点按地铁测量监测规定执行，即+10 mm、–30 mm为累计报警值，沉降速率±3 mm/d为日变量报警值。

周围建筑物沉降累计报警控制在10～30 mm，变化速率控制在1～3 mm/d，差异沉降控制值为0.001L～0.002L（L为相邻基础的中心距离）。

地下管线报警值应按照管线的材质及类型确定，一般情况下燃气管道、供水管道累计沉降值为 10~30 mm，差异沉降值为 0.3% Lg；雨污水管累计沉降值为 10~20 mm，差异沉降值为 0.2% Lg，沉降速率为 2 mm/d。

隧道管片结构沉降变化报警值以 ±10 mm 作为累计报警值，沉降速率 ±3 mm/d 作为日变量报警值。

隧道管片结构净空收敛累计报警值为 0.2% D，收敛速率 ±3 mm/d。

（3）监测频率。

监测频率一览表见表 2.6。

表 2.6 监测频率一览表

钻孔期间/(次·d^{-1})	冻结期间/(次·d^{-1})	洞门凿除期间/(次·d^{-1})	盾构凿除期间/(次·d^{-1})	化冻结束~稳定/(次·d^{-1})
1~2	1	1~2	1~2	1

注：监测频率可根据监测数据变化情况作适当调整。

2.5.12 地下水流动对冷冻的影响

1. 计算方法和控制方程

在人工冻结法施工中，地下水的流速对冻结的效果有影响。在数值模拟分析过程中，由于地下水处于温度场和渗流场中，因此需要同时考虑渗流和传热效应，这是典型的多场耦合问题。

传热场的控制方程为

$$\frac{d_z(\rho c_p)_{eff} \partial T}{\partial t} + d_z c_p \boldsymbol{u} \cdot \nabla T + \nabla \cdot \boldsymbol{q} = d_z Q + q_0 + d_z Q_{vd} \quad (2.4)$$

$$\boldsymbol{q} = -d_z k_{eff} \nabla T \quad (2.5)$$

渗流场的控制方程为

$$\rho \frac{\partial u}{\partial t} = \nabla \cdot \left[-\rho \boldsymbol{I} + \mu \frac{1}{\varepsilon_p}(\nabla \boldsymbol{u} + (\nabla \boldsymbol{u})^T) \right] - \left(\mu \kappa^{-1} + \beta_F \boldsymbol{u} + \frac{Q_{br}}{\varepsilon_p^2} \right) \boldsymbol{u} + \boldsymbol{F} \quad (2.6)$$

$$\rho \nabla \cdot (\boldsymbol{u}) = Q_{br} \quad (2.7)$$

μ——流体的黏滞系数（kg/(m·s)）；

u——速度矢量(m/s)；

ρ——流体密度(kg/m³)；

κ——渗透系数(m²)；

ε_p——孔隙率；

β_F——黏性力系数；

Q_{br}——质量源项（kg/(m³·s)）。

2. 冻结模拟

选取10 m×5 m的计算域对人工冻结法进行模拟，模拟中考虑了地下水流动的影响，地下水的流动会带走冻结管周围的水体，使冻结壁无法沿冻结孔的径向发展，而是沿地下水流向低水力梯度方向发展，在冻结管的下游区域形成扩散状的冻结体，冻结管附近的温度场分布及等温线如图2.11所示。

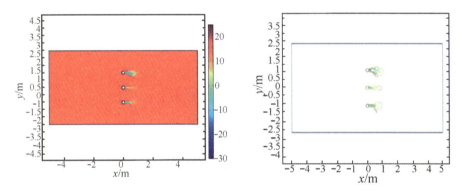

图2.11 冻结管附近的温度场分布及等温线

结果表明：地下水的流动会显著影响冻结壁的形成。低温区域会随着地下水的流动向下游发展而不是向相邻的冻结管发展。当水流速度较快时，相邻冻结孔的冻结壁不能连通，无法形成封闭的冻结体，此时无法达到冻结壁厚度要求。冻结30 d后，冻结管周围温度场如图2.12所示。

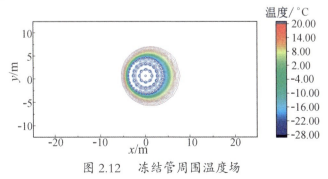

图2.12 冻结管周围温度场

当地下水流速达到一定值时，在给定的冻结管布置条件下，无法形成稳定的冻结壁，需要采用加密冻结管布置的措施。

3. 计算结果与实测数据对比

布置5个测温孔，其中T1布置在中心冻结孔和内圈冻结孔之间，T2布置在内圈冻结孔和中圈冻结孔之间，T3布置在中圈冻结孔和外圈冻结孔之间，T4、T5布置在外圈冻结孔外侧。T1、T2、T3测温孔内部埋设2个测点，测点位置分别在0 m和2.5 m处，T4、T5测温孔内部埋设3个测点，测点位置分别在0 m、2.5 m处和5 m处（注：所标测点深度为有效深度）。计算温度与实测温度随时间变化曲线如图2.13所示，各孔实测温度数据见表2.7，按测温孔温度数据推算的冻土发展速度见表2.8。

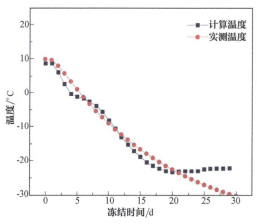

图2.13　测温孔温度变化曲线

表2.7　1月11日测温孔温度数据表

孔号	0 m 温度 /℃	2.5 m 温度 /℃	5 m 温度 /℃
T1	−20.12	−16.81	
T2	−21.93	−18.12	
T3	−19.93	−19.93	
T4	−15.00	−12.87	−6.56
T5	−12.37	−6.93	−3.25

表2.8　按测温孔温度数据推算的冻土发展速度

孔号	到0℃天数 /d	与冻结管最小距离 /mm	发展速度/(mm·d^{-1})
T1	13	690	53
T2	12	675	56
T3	10	625	62
T4	14	738	52
T5	21	738	35

2.6 水平注浆加固技术

在盾构隧道施工中，周边环境复杂，一般情况下端头加固地面无垂直加固条件，往往需要在车站内采取水平注浆加固方式解决。水平注浆方式又可分为水平渐进式深孔注浆和后退式深孔注浆，水平注浆孔布置如图2.14所示。

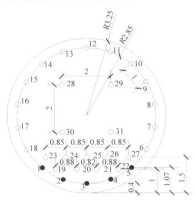

图 2.14　水平注浆孔布置图

2.6.1　水平渐进式深孔注浆

水平渐进式深孔注浆是在围护结构墙上用合金钻头引孔，预埋注浆管，在注浆管内分段引孔，由表及内分层注浆，利用表层加固好的土体形成注浆通道加固内部松散土体，反复引孔，反复注浆，直到加固范围土体密实。加固的主要原理是利用双液注浆泵将水泥-水玻璃双液浆通过注浆孔道均匀地注入土体中，以填充、渗透和挤密等方式，驱走砂层和黏土颗粒间的水分和气体，并填充其位置，通过水泥中所含矿物与土体中的水、土分别发生水解、水化反应及团粒作用等，反应后形成悬浮胶体和团粒，其硬化后形成强度大、压缩性小和抗渗性高、稳定性良好的水泥土。同时双液浆本身胶凝时间短，在处理含水较大、渗透系数较大的砂层时能更好、更及时地加固止水。

水泥土结硬后，土体的孔隙率和含水率降低，密度加大，同时由于水泥土挤压土体，提高了土体的黏聚力，使土体抗变形能力增加，提高了变形模量，从而防止掌子面土体坍塌。土体孔隙率降低后还提高了土体的抗渗能力，可减少地下水和周围水系对开挖土体的波动压力影响。

1. 引孔、安装注浆管

采用测量放线定位注浆孔，布置好注浆孔的位置后，用钻机为200型钻头为$\phi75$ mm金刚石的手提式水钻引孔，钻斜孔时应调整引孔水钻的角度，使其引孔角度与设计斜孔角度保持一致。

采用$\phi60$ mm无缝钢管加工预埋注浆管，加工长度根据现场实际情况确定，在预埋注浆管的一端焊接连接法兰，与注浆管焊接在一起，若注浆孔为斜孔则焊接法兰时应焊接成同倾斜度的斜角，确保预埋的注浆管与掌子面平行，便于注浆引孔钻进。

引孔完成后，埋设预埋注浆管。在预埋注浆管的管壁上缠绕5～8 mm厚的麻丝，把缠好麻丝的注浆管塞到引孔内，外露5 cm左右。必要时用膨胀螺栓固定注浆管，保证封孔不会被浆液挤出。

2. 封孔

预埋注浆管埋设完毕后用水泥-水玻璃双液浆进行注浆孔封堵，水泥—水玻璃浆液按1∶1配制，可使浆液的凝固时间控制效果最佳。

3. 钻孔

钻孔采用7655或YT-28气腿式风钻。钻孔位置要准确，与设计位置的允许偏差为±50 mm，斜孔的偏角与设计保持一致。钻机尽量贴紧掌子面，以减小钻杆的抖动，在钻进的过程中用清水钻进，开孔要轻加压、慢速、大水量，以保证引孔的质量。在钻孔的过程中要密切关注土体的变化情况，如发现地层松散有水、砂随钻杆流出等情况要停止钻进，开始注浆。钻孔的进尺控制着施工进度，同时也控制着注浆加固的效果，渐进式注浆加固钻孔不可能一次到位，浆液通过钻孔形成的通道向松散土体扩散，水平渐进式深孔注浆是对每个注浆孔进行反复循环钻孔、注浆的过程，最终达到钻孔过程中土体密实，地层中再无水、砂随钻杆流出的效果。

4. 注浆

（1）注浆设备及材料。

采用ZTGB-120/105型高压双液注浆泵注入水泥-水玻璃双液浆，水泥为P·O42.5普通硅酸盐水泥，水玻璃模数为2.4～3.0，波美度为30°～40°。水泥浆液水灰比按照1∶1的比例配制，水泥浆液与水玻璃稀释液按照1∶0.3（体积比）配制。

注浆系统与孔口混合器连接好后，开启阀门，启动注浆泵按照先稀后稠、（注浆量）先大后小顺序，先注入纯水泥单液浆，再注入水泥-水玻璃双液浆。当注浆压力达到设计值时，维持2～3 min，当进浆量达到设计浆量时则停止注浆，关闭球阀，随即卸下注浆混合器及注浆系统，并用清水清洗干净。

（2）注浆参数。

注浆加固土体，一方面是靠注进土体浆液的本身性质起作用，另一方面是靠浆体对土体的挤压使土体的力学性能指标提高，反过来土体密实度的增加又使浆体的强度充分发挥作用，从而形成复合地基。因此，注浆压力的控制对土体加固效果起关键作用。一般情况下，注浆压力值通过压水试验和理论计算来确定。压水试验通过注浆泵将清水注入地层，以了解注浆孔的含水性和透水性，据此确定各注浆段参数。理论注浆压力公式：

$$P_{\max}=\gamma gh+S_t \tag{2.8}$$

式中　$P_{\max}$——最大允许注浆压力（kPa）；

　　　γ——注浆地基的天然重度（kN/m³）；

　　　h——注浆处以上土体高度（m）；

　　　S_t——土的抗拉强度（kPa）。

注浆压力除参考压水试验和理论计算之外,最重要的是根据每次钻孔的地质情况及监测数据分析进行控制,地层土体松散时注浆压力适当降低,地层土体松软时注浆压力增大。监测数据是分析结构破坏的重要参考指标,要根据信息反馈,合理控制注浆压力及注浆速率。可采用分层加固逐级升压方式,升压快慢的控制以不使地层抬升,且能在此压力下使地层充分进浆注实为佳。

（3）扩散半径。

浆液扩散半径是注浆效果的直接体现,在浆液扩散半径设计理论基础上,通过现场注浆试验来确定。现场试验通常采用三角形及矩形布孔方法进行测试。浆液扩散半径与注浆压力、浆液凝结时间、土体颗粒松散程度密切相关,注浆压力越大,土层孔隙率越大,浆液扩散半径就越大。因此,在钻孔过程中应注意钻孔内的水流量及渣样,若水流量较大,渣样为粗砂、砾砂时适当调稠水泥浆,使浆液凝固时间缩短;若水流量较小,渣样为细砂或黏土时要稀释水玻璃,调低其浓度以延长浆液的凝固时间。

5. 注浆结束

水平渐进式注浆方式是每孔分段钻孔、分段注浆反复循环逐步渐进的一个过程,前一段钻孔、注浆完成后,再进行下一段钻孔、注浆,每段钻注长度为0.8～1 m,循环反复至设计加固体范围。分段注浆结束标准:注浆压力逐级升高至设计终压,然后调小泵量至设计结束时的进浆量,并在该数值上稳定10 min以上;注浆结束时的进浆量要小于20 L/min;检查孔涌水量,保持在0.1 L/min以下。钻取岩芯,传浆充填饱满,则全部注浆结束。

2.6.2 后退式深孔注浆

后退式深孔注浆采用二重管无收缩定向旋喷WSS工法,能够实施定向、定量、定压注浆,具有浸透力强的特点,使岩土层的空隙和孔隙间充满浆液并固化,改变岩土层的性状,注浆效果好。后退式深孔注浆加固工序示意图如图2.15所示。

二重管无收缩WSS注浆施工是通过二重管端头混合室将两种混合浆液在地层土体所需加固止水位置喷出,在不改变地层组分的情况下将地层颗粒间的水分强迫挤出,使颗粒间的空隙充满浆液并使其固结,达到改良土层性状的目的。其注浆特性是使该土层内聚力和内磨擦角值增大,从而使地层黏结强度及密度增加,起到加固作用。颗粒间隙中充满了不流动而且固结的浆液后,使土层透水性降低,形成的相

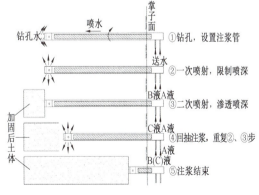

图 2.15　后退式深孔注浆加固工序示意图

对隔水层可起到止水作用。注浆时浆液达到一定压力后，在注浆孔周围产生一定大小的泡体，随着压力不断增大，在浆液上方的土体会形成一个圆柱体，从而达到改良土体物理性能指标的目的，堵塞水流的通道也起到止水的作用。

1. 钻孔定位

根据设计孔位及倾斜角度，用全站仪测量进行准确定位，孔位偏差为±20 mm，孔距偏差为±100 mm，入射角度偏差为1°。

2. 钻机就位

TXU-150D型水平辐射钻机按指定位置就位，钻杆直径为42 mm，钻孔过程通过操纵仪可360°控制调整钻杆角度。对准孔位后，钻机不得随意移位和升降。

3. 钻进成孔

按照设计角度进行钻孔，首孔应慢速运转，掌握地层对钻机的影响情况，以确定在该地层下的钻进参数。密切观察溢水、出水情况，当出现大量溢水、出水时，应立即停止钻孔，分析原因并采取注浆等措施处理。

4. 回抽钻杆

钻孔至设计深度后开始阶梯回抽钻杆旋喷注浆加固，严格控制回抽幅度，每步不大于20 cm，回抽应缓慢匀速进行，同时注意注浆参数的变化。

5. 浆液配比

采用双重（内、外）管A、B液及A、C液的混合物注浆，其中，A液为稀释后的水玻璃，B液由硫酸等化学外加剂和水组成，C液由水泥加稀释剂组成。A、B和A、C化学浆液配比表分别见2.9和表2.10。化学外加剂主要用于调节浆液的可灌性和混合液的凝结时间，

表2.9 A、B化学浆液材料配比表

名称	内容	密度/(kg·m^{-3})	质量/kg	备注
A液	硅酸钠	$\rho=1.37$	330	溶液
	稀释剂	$\rho=1.00$	350	
B液	硫酸	—	10%~20%	均为混合剂现场调配
	稀释剂	—	80%~90%	
	其他化学添加剂根据现场情况添加			

表2.10 A、C化学浆液材料配比表

名称	内容	密度/(kg·m^{-3})	质量/kg	备注
A液	硅酸钠	$\rho=1.37$	330	溶液
	稀释剂	$\rho=1.00$	350	
C液	水泥	$\rho=1.30$	341	42.5级普通硅酸盐水泥
	稀释剂	$\rho=1.00$	350	
	悬浊液由水泥-水玻璃组成			

因此在施工现场中,外加剂的添加应根据现场的实际情况进行适当的调整。B、C液各成分放入搅拌机的顺序为:水、化学外加剂,两种浆液在注入之前必须搅拌均匀,并经常检查混合后浆液凝固时间是否适应现场施工环境。

6. 注浆

注浆采用二重管定向喷射方式注浆。钻孔达到设计钻孔深度后,用高压注浆泵将A、B(C)无收缩双浆液分别压入二重管的内管和外管,并在二重管端头的混合器内混合,在压力作用下,通过过滤网将浆液呈流线形喷入土层。注浆采取阶梯回抽方式,间距为10~20 cm。注浆过程要严格控制注浆压力,同时密切关注注浆量,当压力突然上升或从孔壁、断面砂层溢出时,应立即停止注浆,查明原因后采取调整注浆参数或移位等措施重新注浆。一次注浆采用A、B液,二次注浆采用A、C液,两者交互使用。

后退式注浆参数如下:

注浆扩散半径:R=600 mm;

注浆压力:一次注浆压力为0.3~0.5 MPa,二次注浆压力为0.8~1.2 MPa,终压为静水压力的2~3倍;

入浆率:A、B(C)双液浆约60%;

喷射量:15~20 L/min;

初凝时间:0.5~2 min,为速凝注浆;

钻杆回抽幅度:10~20 cm。

7. 质量控制允许偏差

注浆压力为±5%,注浆量为+8%,提升幅度为±5 mm。

2.6.3 水平注浆特点

1. 水平渐进式深孔注浆特点

(1)适合周边复杂地层、围岩自稳性较差的环境条件,尤其适用于富水砂层、流砂层注浆,效果比较明显。

(2)浆液扩散比较均匀,反复渐进式深孔注浆不会出现加固盲区。

(3)注浆孔内无须任何注浆管,利用已加固好的土体形成浆液输送通道。

(4)施工机械操作简单,施工技术灵活可控,可有效地控制加固体对周边环境的影响,适用性强。

2. 后退式深孔注浆特点

(1)采用特殊的端点监控器和二重管喷射方式,注入系统设备简单,具有很高的可靠性和经济性,能一次性完成注浆区域的加固体。

(2)可进行一次、二次喷射切换,回路变换装置容易实行,所以能进行复合喷射。

(3)在土层改良时,瞬结性一次喷射和浸透性二次喷射的复合比率可以自由地设定,从黏性土、砂质土到地下水非常多的砂砾层,以及更加复杂的复合地层都可以使用。

(4)二次喷射材料是低黏性且凝胶时间长的浸透性浆材,可以加压喷射到均匀的土质颗料之间,这样的操作方法减少了对周围建筑的影响。

(5)由于一次喷射是限制喷射,二次喷射是渗透喷射,所以浆液不会向喷入范围外溢出,从而有利于保护地下环境不被污染。

(6)二重管无收缩定向旋喷WSS工法施工设备钻杆可360°调整方位和角度,适用于受障碍物影响的深层加固处理,可广泛应用于盾构工程土壤加固、桥墩基础加固、基坑护坡加固及止水、穿越河床隧道与建筑物下隧道加固及止水等。

2.7 大管棚加水平注浆加固技术

盾构端头加固受周边环境的影响,地面无法采取垂直加固方式,地表建筑、综合管线沉降控制标准要求高,为提高地基加固体的刚度,可在洞门环梁外拱顶增加大管棚施工措施,洞门环梁内采取水平注浆加固方式。沿洞门环梁外轮廓线30~50 cm,拱部120°范围内设置ϕ108 mm大管棚,大管棚环向间距为600 mm,洞门环梁内采用水平注浆加固方式,注浆孔为梅花形布置,下部注浆孔间距为800 mm,上部注浆孔间距为1 200 mm,大管棚加水平注浆加固示意图如图2.16所示。

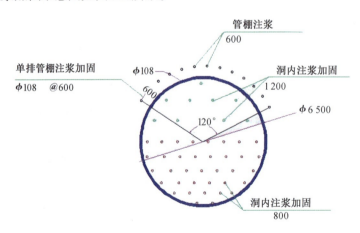

图 2.16 大管棚加水平注浆加固示意图

2.7.1 管棚施工

为提高管棚施工精度,采用"有线仪器定向,一次性跟管钻进"的施工方法,即成孔和埋设管棚一次性完成。

1. 定向钻进施工原理

水平定向钻进是非开挖管线施工的一种方法。该方法要求在钻进过程中能准确测定钻头在地下的位置和方向。根据钻头在钻进过程中的位置和方向与设计轨迹的差异,利用能进行调节方向的钻头（一般为楔形钻头）改变钻头的钻进方向，按设计要求完成各种管线的铺设，楔形钻头示意图如图2.17所示。

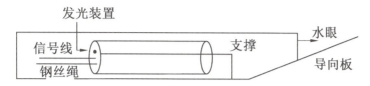

图 2.17　楔形钻头示意图

钻头内装有特制的传感器，传感器直接由15 V直流供电。显示屏显示钻头的倾角(水平角度)、面向角(导向板的方向：导向板朝上即为12点，如同钟面)。打设角度如果偏下，可以把钻头调到12点，即导向板朝上，直接顶进，此时由于导向板底板斜面面积大，受到一个向上的力，所以钻头轨迹就会朝上运动。同理，在6点纠偏可以使钻头轨迹朝下，9点、3点分别为左、右纠偏方向。如果角度合适，钻机会匀速旋转钻进，此时钻杆轨迹一般是平直的，所以导向钻头是上、下纠偏的关键。左、右偏差根据传感器尾端的发光装置来定，通过仪器测量参数来纠偏。钻头导向传感器及显示屏如图2.18所示。

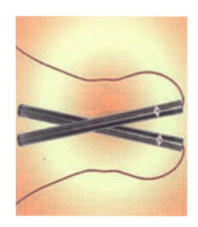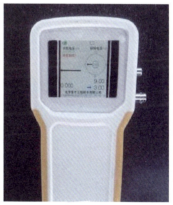

图 2.18　钻头导向传感器及显示屏

2. 管棚施工工艺

（1）导向跟管钻进施工流程。

导向跟管钻进施工流程：设备组装调试→定位入孔→导向钻进→冲洗液循环→回次加尺→导向钻进→设计深度→回取探头盒→移至下一孔位。

（2）管棚制作。

管棚采用ϕ108 mm、壁厚6 mm的钢管制作，在施工现场钢筋加工场地内进行。为了保证相邻管棚接头不在同一平面内，管棚单序孔第一节长3 m，双序孔第一节长1.5 m，其余管节长度均为3 m，管节之间采用套丝接头连接，长度不小于150 mm。

（3）测量放样。

根据设计图纸，管棚位置设置在洞门环轮廓线外500 mm处，环向间距为600 mm，由测量人员根据设计图纸位置预留管棚放线孔位，并用红油漆标记在掌子面上。

（4）管棚钻机安装。

利用车辆将管棚钻机运输至车站预留口，吊入车站内，再人工倒运至施工位置进行组装调试。

（5）钻孔及管棚安装。

钻孔直接利用管棚作为钻杆，边钻进边安装。钻机架设的同时在站内布置泥浆循环系统，接通泥浆循环管路即可进行钻进施工。钻进施工步骤如下：

①设备组装调试：安装钻机设备，测试电机、钻机、泵等设备。

②定位入孔：调整钢管轴线和标高，利用已加工好的管棚作钻具，安装导向楔形钻头。

③导向钻进：启动导向仪监控，随着钻进加尺（方位、角度发生变化时），随时利用楔形钻头进行修正。技术人员随着管棚钻进必须时刻观察探头角度变化情况，当角度偏差大于0.5%时，应及时纠偏。当纠偏无效且偏差大于2%时，应停止钻进，并及时报告。

④冲洗液循环：入孔1 m后，开启泥浆（或高压风）护壁；钻进时，泵压应控制在0.6~1.0 MPa，泵量为10~30 L/min为宜，保持中、低压力。

⑤回次加尺：完成一节管棚施工后，安装次节管棚，丝扣拧紧并对接缝处进行焊接加固；要求管棚长度偏差≤±100 mm，管棚位置偏差≤50 mm。

⑥回取探头盒：单孔施工完成后，应立即通过外挂绳索将管内导向测量仪器收回并妥善保管。

⑦移至下一孔位：完成施工后应立即移动钻机至下一孔位进行定位施工。

（6）管棚注浆。

管棚打设完成后，末端采用10 mm厚钢板进行封堵并预留注浆口和注浆阀门，并对管棚与掌子面结合部位进行封堵，防止跑浆、漏浆。

注浆前关闭注浆机总阀，打开泄压阀，开启注浆机，浆液沿着注浆管进入，待浆液从泄压阀中冒出后，关闭泄压阀，打开总阀，开始注浆施工。注浆时各处连接均应密封良好，必要时在接头丝扣处缠绕一层湿润的细麻丝，以加强密封性。

①注浆次序：注浆应由下向上间隔注浆（或根据监控数据改变注浆次序），如孔道内存在滞水，应先注有水的孔再注无水的孔，出现串管现象时，应放大间隔。

②注浆参数：注浆采用纯水泥浆，前进式注浆，水泥浆水灰比为1∶1，必要时可添加早强剂，如遇砂层，浆液采用水泥-水玻璃双液浆，注浆压力为0.5~1.0 MPa，施工时根据现场情况调整。

3. 注浆结束

注浆过程中只要满足以下三个条件之一，即可认为单孔注浆达到设计要求并可结束注浆。第一，注浆压力逐步升高，达到设计终压（0.5~1.0 MPa）并稳定10 min；第二，注浆量不小于设计注浆量的80%；第三，进浆速度为开始进浆速度的1/4。

2.7.2　水平注浆加固

水平注浆加固施工工艺可参照2.6节。

2.8　本章小结

（1）松花江漫滩地区富含承压水，砂层渗透系数大，与松花江水力联系紧密，地下水具有流动性，高压旋喷加固15 m以下成桩困难，成桩质量差，加固水泥用量大，在加固区外围增加隔断止水帷幕，可明显改善旋喷加固条件，提高加固质量。但无论是采用旋喷双液浆隔断还是用素地连墙隔断，施工成本均较高，应该研究更合理、更安全、更经济的盾构始发接收技术。

（2）在有垂直加固条件的岗阜状平原的盾构端头加固可采用旋喷加固盾构端头。通过试桩，端头加固采用二管法加固优于三重管，采用P·O32.5普通硅酸盐水泥加固，可节约成本。加固效果无侧压，抗压强度不少于1 MPa，加固体渗透系数小于1×10^{-6} cm/s能满足盾构始发与接收的需求。

（3）在近接管线、给排水管路等复杂环境的端头，超厚富水砂层加固可采用水平冻结法，通过增加泄压孔技术和融沉处理技术，可控制地表沉降和管线变形累计沉降在15 mm以内，速率控制在2 mm/d。在冷冻过程中要考虑周边基坑施工降水对冷冻的影响，冷冻时可采用免拔管施工技术，但要增加冷冻孔数量和减小冷冻孔间距来保证冷冻效果，较钢管冻结管积极冷冻时间长10 d左右。

（4）水平深孔注浆加固技术分为水平渐进式深孔注浆和后退式深孔注浆，其适应范围较广，富水砂层加固中效果明显，施工操作简单，反复循环注浆加固不会出现加固盲区。WSS工法加固设备能实现全方位加固，可任意调整所需加固的点位，受障碍物的影响小，应用范围广。

（5）在无垂直加固条件下，岗阜状平原的盾构端头可采用大管棚加水平注浆加固技术，管棚能更有效地控制地表沉降，水平注浆能有效改良土体效果，避免大量管线迁改和交通疏解，节约成本。

通过有针对性地对各站点盾构端头多种加固形式的分析对比及优化，较大地提高了端头加固土体的改良质量，保障了盾构机始发与接收的安全性，形成了整套适合哈尔滨地区不同地层条件下端头加固的成熟技术，并在施工中得到了广泛的应用。

第3章 盾构始发与接收

一方面，针对因道路无法封闭、管线影响及地质条件复杂等因素，导致地面无法采取垂直加固施工措施，需要解决盾构始发与接收端头加固的技术难题；另一方面，在松花江漫滩地区超厚富水砂层所采用的高压旋喷加固方式、水平冻结加固方式等施工成本高，施工质量控制难度大，因此，开展盾构机始发与接收施工新技术的研究具有重要意义。盾构钢套筒始发与接收、钢筋混凝土箱及接收井内回填泥土等施工技术，均是形成一个密闭空间并模拟盾构机在地层中掘进的关键技术。

3.1 盾构机钢套筒始发与接收技术

盾构始发与接收过程中，刀盘切削振动引发土体扰动，易引发超厚富水砂层的液化，加剧其流动性。若端头加固不到位，采用普通的托架盾构始发与接收施工，将导致内、外水土压力不平衡，洞门帘布橡胶板无法承受深厚富水砂层巨大的水土压力，极易引发难以补救的涌砂事故，造成始发与接收端头的塌陷，使邻近建筑物受损，危及生命财产安全。

钢套筒始发与接收技术是根据平衡原理进行盾构始发与接收施工，在盾构端头井内安装钢套筒，始发时盾构机安装在钢套筒内，然后在钢套筒内填充回填物，通过钢套筒这个密闭的空间提供平衡掌子面水土压力的能力，根据洞内、外水土压力平衡原理进行盾构始发与接收施工。因此，在盾构始发与接收井内安装钢套筒，通过往钢套筒内回填固体散料、水等材料，形成一个完整的密闭空间，来维持洞门内外水土压力平衡，模拟盾构机在地层内掘进，从而解决盾构机始发与接收的技术问题。盾构钢套筒平衡始发与接收示意图分别如图3.1、图3.2所示。

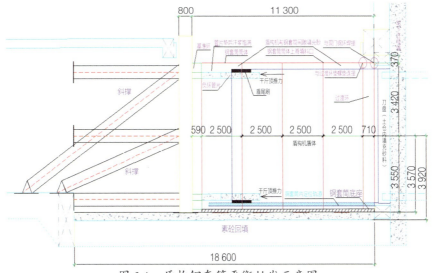

图 3.1 盾构钢套筒平衡始发示意图

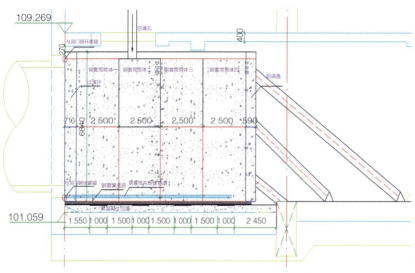

图 3.2 盾构钢套筒平衡接收示意图

3.1.1 钢套筒结构设计与制作

1. 钢套筒设计

钢套筒的设计应保证筒体刚度及密闭性满足始发的要求，保证尺寸与盾构机盾体匹配，并考虑盾构吊装井口尺寸要求。盾构机长度为96 200 mm（含刀盘），外径为6 280 mm，盾体总重量[1]为335 t。钢套筒主体为圆柱形筒体，由钢板及型钢通过螺栓和焊接连接而成，全长约11.3 m，内径为6.52 m，可承受内压约为切口水压设计的2倍即0.4 MPa。筒体主要材料为Q235B，钢板厚度$\delta=20$ mm，钢套筒主体总重量约120 t（含底部托架30 t），钢套筒由筒体、密封基准环（接收为后端盖）、过渡环、托架、反力架及侧向支撑等组成，为4段传力架+2段过渡环形式，各段均加焊法兰盘并用高强螺栓连接，中间用橡胶板密封。下面举例说明在盾构机始发与接收时，如何计算钢套筒在内压和盾构机自重荷载工况下的强度是否满足要求。

（1）钢套筒筒体承受内压计算。

①计算模型。

钢套筒为一空心圆柱体，在承受内压的情况下，每个断面的受力情况相同，如图3.3所示。

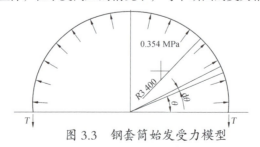

图 3.3 钢套筒始发受力模型

---

[1] 注：本书中，重量均指质量。

②受力计算。

$2T=2R·P≈2\,408$ kN/m,$T≈1\,204$ kN/m。其中,T为钢套筒筒壁受拉力;R为钢套筒的内径;P为内压。

③应力复核。

应力$\sigma_1=T/\delta=1\,204/0.02=60.2$(MPa),$\sigma_1<205$ MPa,安全系数约3.4,钢套筒筒体强度符合要求。(Q235B钢板厚20 mm,抗拉强度为205 MPa)

(2)底部托架受力计算。

①底部托架基本设计参数。

盾体重量G_1为350 t,筒体自重(除去底部框架)G_2为90 t,套筒自重G_3为120 t,底部框架数量为4个。按底部框架中间筋板承受全部重力计算,筋板长为300 mm、厚20 mm,承受荷载的筋板为8块,材质为Q235B,如图3.4所示。

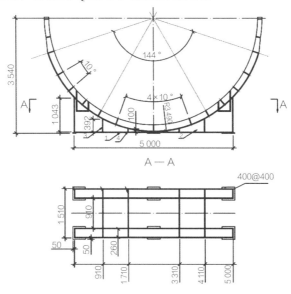

图3.4 底部托架构造图

②受力计算。

底部框架承受重力:$(G_1+G_3)·g=470$ t$×9.8$ N/kg$≈4\,700$(kN)。

筋板受力面积:$A=9×0.3×0.02=0.054$(m²),$\sigma_2=(G_1+G_3)/8A≈11$(MPa)。

③应力复核。

应力复核:$\sigma_2=11$ MPa<205 MPa,安全系数约为18,底部框架的强度符合要求。

(3)钢套筒顶升底座计算。

顶升底座受力600 t,数量为8个,壁厚$\delta=20$ mm,材料为Q235B,如图3.5所示。

单个顶升底座受力$F=600×9.8/8=735$ kN$=735\,000$(N),顶升底座有效受压截面积$S=(300×4-40)×20=23\,200$(mm²);顶升底座压应力:$\sigma=F/S=735\,000/23\,200≈32(MPa)<205$(MPa),安全系数约为6.4,强度满足使用要求。

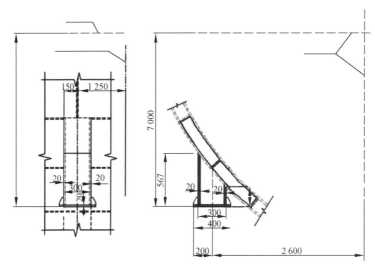

图 3.5　顶升底座构造图

2. 钢套筒加工

（1）所有钢材必须有质量保证书，还须经过复验，材料的化学成分及机械性能应符合《碳素结构钢》（GB/T 700—2006）中的相关规定和要求。

（2）选用的焊接材料应与母材匹配，并符合工艺要求。

（3）焊接前，需彻底清除待焊区域的铁锈、氧化铁皮、油污、水分等有害物，使表面露出金属光泽。焊接时，严禁在母材的非焊接部位引弧，焊后应清理焊缝表面的熔渣及两侧的飞溅物。

（4）焊接后，所有焊缝必须进行外观检查，不允许有裂纹、未熔合、夹渣、未填满弧坑的缺陷，焊缝外观检查的质量标准应符合相应规范规定。外观检查合格后，应进行无损检测，对重要部位应采用超声波和磁粉探伤检查。

（5）对构件外表面应进行喷砂除锈，除锈等级为Sa2.5~Sa3。除锈完成后涂装专用铁红色防锈漆。

（6）各构件加工完成后，在筒体内部焊接临时支撑以防止构件变形，并进行试组合，保证筒体的装配精度符合要求。试组合合格后应进行密封试验。

3. 止水基准环（始发）

（1）止水基准环止水。

盾构利用钢套筒始发的关键取决于盾尾和负环与钢套筒之间的密封性能，其止水装置类似加宽的反力架基准环，连接于反力架和钢套筒连接环之间。止水装置既可以在后端牢固地与反力架进行螺栓连接，又可以在前端分别与负环管片和钢套筒进行法兰连接。与负环管片进行连接时，利用管片止水条与基准环环面压紧形成密封；与钢套筒连接环螺栓连接时，在两钢构件中间塞入环形三元乙丙聚乙烯橡胶密封垫圈，保证密封效果。因此在负环管片与钢套筒连接环中间形成密闭的空腔，盾构始发后同步注浆管注入的砂浆可在空腔中完成水化反应，不会外漏，同时为盾构机整体保压提供条件，保证盾构始发的安全。

（2）止水基准环结构。

其中一种结构形式，采用的钢板厚度为10 mm，外径6 840 mm，内径5 400 mm，宽度800 mm，并按半圆分成两块，以便于运输、组装。后端螺栓孔直径为36 mm，分度36°，孔中心距离内径边120 mm；前端与管片连接的螺栓孔直径为33 mm，分度36°，孔中心距离内径边120 mm；前端与钢套筒连接的螺栓孔直径为33 mm，分度10°，孔中心距离外径边100 mm。中间加劲板厚度为10 mm，面积为710 mm×780 mm，环形布置，共20块，分度18°。另一种结构形式，也可将止水基准环放置在钢套筒筒体内，即基准环的外径与钢套筒的内径尺寸一致，基准环的内径与管片的内径尺寸一致，安装时基准环与钢套筒、负环管片及反力架密贴。

4. 后端盖（接收）

后端盖采用20 mm的厚钢板加工而成，边缘制作成法兰盘形式，可与筒体法兰相连，其尺寸大小与筒体法兰一致（也可不用法兰而直接通过后支撑钢管顶紧后端盖）。后端盖由上、下两块半圆形板通过高强螺栓连接而成，后端盖面板上焊接加劲肋，横向间距800 mm，竖向间距500 mm。

3.1.2 钢套筒始发施工工艺

钢套筒平衡始发与接收的原理有相近之处，都是为了给盾构机提供一个密闭的空间，以平衡开挖面水土压力，防止涌水、涌砂现象发生，但在工艺流程方面两者之间还存在较大差异。最主要的区别是盾构钢套筒始发需要在盾尾与反力架之间增加一个止水装置（基准环），负环管片密贴于止水基准环上，以满足始发的密闭性要求；而盾构钢套筒接收是直接在钢套筒的末端加一个封闭的后端盖直接密封即可，从而形成一个密闭的空间满足密闭性要求。

1. 施工准备

用全站仪准确测量隧道中心线和水平标高位置，并用红色油漆在洞门钢环和侧墙上标识清楚；将端头井内清理干净，并用混凝土回填找平至安装标高；安装轨道支撑架并铺设后配套台车和电瓶车轨道至车站底板。

2. 后配套台车及电瓶车下井

利用吊车分别将电瓶车及后配套5#~1#台车吊入始发井内轨道，利用电瓶车将盾构机后配套台车运输至车站内指定位置。

3. 安装钢套筒下半部

将后配套台车拖拉至车站底板后，拆除端头井内轨道支撑架和轨道，安装钢套筒下半部，下半部筒体通过法兰及高强螺栓连接，法兰之间采用环形三元乙丙聚乙烯橡胶密封垫进行密封。吊下第一节钢套筒的下半段，使钢套筒的中心与事先确定好的井口盾体中心线重合，在与第二节的下半部连接过程中要确保螺栓孔对位准确，并用高强螺栓连接、紧固。

钢套筒下半圆组装完成后，根据隧道中心线进行找正、找平、找中心，确保钢套筒中心线与隧道中心线重合。钢套筒下半圆位置确定后，将钢套筒底部支座与预埋件焊接固定，钢套筒过渡环与洞门钢环焊接牢固严密（满焊），在钢套筒内底部根据盾构机尺寸参数及始发姿态安装2根43 kg/m的钢轨，钢轨之间铺砂并压实，铺砂高度要高出相应钢轨15 mm，确保底部砂层提供充足的防盾构机扭转摩擦反力。钢套筒下半部安装如图3.6所示。

图3.6 钢套筒下半部安装

4. 洞门钢环检查与过渡环安装

在洞门钢环与筒体标准节之间安装500~800 mm的过渡环，过渡环安装前应对洞门钢环进行复测，确保洞门过渡环能安装到位。根据现场实测洞门环板的实际平整度，量身定做过渡环，过渡环与洞门环板通过焊接连接，焊缝沿过渡环一圈内、外侧满焊，焊缝必须饱满。如出现过渡环有些地方无法与洞门环板密贴的情况，需在这些空隙处填充钢板并连接牢固，务必将空隙尽可能地堵住。在确定洞门环板与过渡板全部密贴后，将过渡环满焊在洞门环板上。

5. 盾体下井组装

在钢套筒内组装盾构机盾体，并与连接桥和后配套台车连接，组装方法同传统盾体组装工艺一致。

6. 安装钢套筒上半部

盾体组装完成后，利用吊车依次安装钢套筒标准节上半部和过渡环上半部。若上半部过渡环与洞门钢环无法密贴，存在较大空隙，可采取在过渡环外侧加焊一块弧形钢板进行密封，焊缝一定要饱满。在套筒两侧用工字钢支撑在端头井侧墙上并焊接牢固，防止钢套筒横向移动。

7. 安装止水基准环、反力架

在尾端套筒内的盾尾处安装止水基准环，在止水基准环外安装反力架。测量人员精确测量止水基准环、反力架的位置，将止水基准环、反力架吊装就位后，经测量人员复测后分别将其与预埋件可靠固定，使其密封性能、位置精度和焊接质量均满足始发要求。

8. 安装负环管片

钢套筒、止水基准环和反力架安装完毕，盾构机调试完成后，安装负环管片。止水基准环与负环管片、钢套筒内壁之间必须密贴，必要时可涂塞盾尾油脂进行密封，如图3.7所示。

9. 钢套筒密封试验

钢套筒安装完成后，首先对钢套筒外观进行检查，如果钢套筒本体连接端面或者筒体本身出现较大的变形时，要立即采取加强措施，在变形量较大处补加加强肋板，加强肋板可利用现场钢板制作。

图3.7　钢套筒内负环管片及止水基准环安装

钢套筒筒体上设置检查孔，在传力架1、2块下方，每段设置一个200 mm检查孔及压力表，如图3.8所示。从加水孔向钢套筒内缓慢加水，当压力达到1.0 bar时，稳压10 min，第一次检查压力表有无压降，如无压降继续加水升压至2.0 bar，稳压25 min；第二次检查压力表有无压降，如无压降继续加水升压至2.5 bar，稳压45 min；第三次检查压力表有无压降，如无压降继续加水升压至3.0 bar，稳压120 min。检查压力表有无压降及各连接部分有无漏水，包括洞门连接板、钢套筒环向与纵向连接位置、钢套筒与基准环、反力架的连接处，如压力表无压

图3.8　钢套筒压力测试

降，连接部位无脱焊、漏水，则压力试验合格。加压检测过程中一旦发现有漏水或焊缝脱焊情况，必须马上进行卸压，重新紧固连接螺栓或重新焊接。

10. 钢套筒内回填

在地下连续墙施工时，应提前考虑将隧道洞门环内部的钢筋改用玻璃纤维筋代替，分幅时使地下连续墙接头避开洞门环，防止型钢接头进入隧道内影响盾构推进。若洞门需要破除，待洞门破除后，将盾构机向前推进至刀盘面板贴近洞门掌子面后，同步向钢套筒内填砂和水，将整个钢套筒与盾体之间的间隙填充满。

11. 盾构始发掘进

盾构洞门连续墙为800 mm或1 000 mm厚的C30玻璃纤维筋连续墙，盾构机在切削连续墙时，推进速度控制在3～5 mm/min，扭矩不大于2 000 kN·m，千斤顶总推力不大于$6×10^3$ kN。通过洞门后，速度可逐步提升至10 mm/min，千斤顶总推力逐步调整到$10×10^3$ kN。施工过程中采用信息法施工，根据施工情况及时对施工参数

进行调整。

在盾构向前推进的同时,检查钢套筒是否有渗漏、其他异常情况或事故的发生,确保盾构安全向前推进。

12. 钢套筒及负环拆除

计算盾构掘进推力及地层摩擦力,在盾构正常掘进100环后拆除负环、钢套筒及反力架。拆除前将洞口段10环进行拉紧,拆除时应检查洞门处掘进面与管片之间注浆是否饱满,如有渗漏水情况,通过二次注浆孔补注双液浆进行封堵。拆除顺序:分段拆除钢套筒上半圆、拆除负环上半环管片、拆除负环下半环管片、分段拆除钢套筒下半圆、拆除反力架、场地清理、安装轨道。

3.1.3 钢套筒接收施工工艺

1. 施工准备

用全站仪在盾构接收端头井内准确放线,并在洞门环梁、侧墙上用红色油漆标识;清理端头井内杂物,预埋底座钢板,回填混凝土至底座标高。

2. 安装钢套筒

用吊车分节吊装钢套筒下半部到接收井内安装,先安装下半部筒体,再安装过渡环下半部,测量其位置与设计中心、标高一致时,将底座、过渡环焊接牢固。然后吊装钢套筒上半部及过渡环上半部,用高强螺栓连接,并将过渡环焊接严密。

3. 安装后端盖

筒体安装完成后,用吊车吊装后端盖下井安装,先吊下半部,再吊上半部,上、下块之间采用高强螺栓连接,中间采用三元乙丙聚乙烯橡胶垫止水。后端盖与筒体之间可用高强螺栓连接或直接采用 ϕ609 mm钢管后支撑顶紧。

4. 密闭试验

通过钢套筒上设置的填料孔向钢套筒内加水,加满水后,检查压力,如果压力达到3 bar,则停止加水,并维持压力稳定。如水压无法达到3 bar,则将水管解开,利用空压机向钢套筒内通入空气,直至压力达到3 bar为止,对各个连接部分进行检查,包括检查洞门连接板、钢套筒环向与纵向连接位置、钢套筒与后端盖的连接处有无漏水。

每级加压过程及停留保压时间的具体说明:按0.1 bar每级加压,0~1.0 bar每级加压时间控制在10 min左右,停留检测时间为10 min;1.0~2.0 bar每级加压时间控制在15 min左右,停留检测时间为25 min;2.0~2.5 bar加压时间控制在25 min左右,停留检测时间为45 min;2.5~3.0 bar加压时间控制在45 min左右,停留检测时间为120 min。

加压检测过程中一旦发现有漏水或焊缝脱焊情况,立即卸压,上紧螺栓或重新焊接,完成后再进行加压,直至压力在120 min内稳定为3 bar不变,未发现有漏点时方可确认钢套筒的密封性达到要求。

5. 安装反力架及横向支撑

盾构接收反力架紧靠在端头井负一层环框梁和底板横梁上，通过$\phi 609$ mm钢管斜撑与车站底板顶紧，支撑斜撑与底板预埋钢板焊接要牢固。两侧用I20工字钢支顶在端头井侧墙上，间距2 m，并与钢套筒焊接牢固，防止钢套筒横向移动。

6. 钢套筒内回填

钢套筒经检查并确认合格后，向钢套筒内填料。填料为泥土+水、砂+水、低标号混合砂浆或隧道掘进过程中产生的渣土等，隧道掘进过程中产生的渣土已经过渣土改良，能保证盾构机安全顺利出洞，同时相比低标号混合砂浆成本更加低廉，且对环境无污染。

为了将填料输送至钢套筒内，需要从地面引一条输送管道至钢套筒上，采用一条$\phi 300$ mm的管路连接，地面设置一个漏斗，将混合料直接从漏斗输送至钢套筒内，如图3.9所示。

图3.9 钢套筒内回填

7. 盾构到达接收

盾构进洞段的推进施工分三个阶段，第一阶段为到达前100 m，第二阶段为盾构机刀盘切削地连墙进入钢套筒，第三阶段为刀盘进入钢套筒掘进。

（1）第一阶段。

在第一阶段的推进过程中，需注意以下事项。

①推进过程中以"小推力、低转速"为掘进原则，严格控制推进速度、总推力和刀盘转速等参数，减小对地层扰动，同时避免进刀量过大引起同步注浆分布不均，二次注浆时无法形成封闭环。

②在刀盘转动过程中，土仓内及刀盘前加注膨润土浆液进行润滑和改良土体。

③严格把握二次注浆时间、注浆压力和注浆量，防止盾尾固结。

④合理分布注浆孔，以保证二次注浆均匀。

⑤根据掘进过程中总结的参数严格控制到达段的土为仓压力及出渣量。

⑥在倒数十环内总推力控制在10×10^3 kN，刀盘转速为1 r/min，掘进速度<10 mm/min。

（2）第二阶段。

在第二阶段的推进过程中，需注意以下事项。

①推进过程中严格控制推进速度和总推力，避免进刀量过大引起刀盘被卡。推进速度以<5 mm/min为宜，推力<4 000 kN。

②在刀盘转动过程中，土仓内及刀盘前加注膨润土浆液进行润滑和改良土体。

③严格控制盾构姿态，特别是盾构切口的姿态，控制目标为水平偏差范围为 $-15 \sim +15$ mm，垂直偏差范围为 $+10 \sim +20$ mm之间。

④控制盾尾间隙，保证盾尾间隙的均匀，必要时安装转弯环管片进行调节。

⑤严格控制切口的土压力。

⑥推进过程连续均匀、均衡施工，保证土仓内有一定土压，防止出空土仓使盾构机抬头上浮。

⑦推进过程中加强盾尾油脂的压注，防止盾尾漏浆。

⑧如二次注浆距离盾尾太近，会造成双液浆进入盾尾刷与同步注浆排浆孔，从而破坏盾尾密封刷和阻断同步注浆管道，因此钢套筒接收时，双液浆选择在管片脱出盾尾5环后开始二次注浆。

⑨严格控制二次注浆孔位、注浆压力和注浆量，既要保证闭水环的质量，又要保证盾尾刷不被击穿。

（3）第三阶段。

最后一环管片拼装后，盾构机停机，及时将倒数第三环后的管片进行二次注浆并形成封闭环，然后启动盾构机，正式进入钢套筒。为便于推进，增加一环工作环，将盾构机推到合适位置后停机，待检查没有渗漏，钢套筒泄压后，先拆除工作环再拆机。至此，盾构机完成钢套筒接收，下步转入拆除吊装阶段。

在第三阶段的推进过程中，需注意以下事项。

①参数设置：推速<5 mm/min；推力<1 000 kN，实际推力以不超过此值为原则。盾构机在钢套筒内以管片拼装模式掘进，在掘进过程中，要保持与外界联系，密切观察钢套筒顶部的情况，一旦发现变形量超量或有渗漏时，必须立即停止掘进，及时采取补救措施。

②根据钢套筒顶部安装的压力表读数，及时调整推进压力，避免推进压力过大。因压力过大导致钢套筒密封处出现渗漏状况时，打开钢套筒后板盖上的排浆口，进行卸压。

③盾构机进入钢套筒时，必须以实际测量的钢套筒安装中心线为准控制盾构机姿态，要求中心线偏差控制在 $-20 \sim +20$ mm之内。盾构机在进入钢套筒后，也要注意姿态控制。

④从管片上预留的注浆孔向管片外侧注双液浆，及时施做环箍，有效封堵开挖土体与管片外壳之间的渗漏通道，防止盾尾后的水进入盾尾前方。双液浆的配合比：水玻璃：水泥浆=1∶1.15；水泥浆配合比：1∶1。注浆压力为0.2~0.25 MPa。

⑤盾构机筒体推到位置并完成洞门密封后，在刀盘不转情况下，清除空仓内回填物。

⑥打开钢套筒底部的排浆管，排出剩余浆液，并检查筒体的漏浆情况。在洞门双液浆凝固后，开始拆除工作环和钢套筒。

8. 钢套筒及盾体拆除

盾构机到达钢套筒内指定位置后，打开钢套筒上的观察孔，观察是否渗水，如果发现渗水，应继续对洞门环进行二次注浆，确认无渗水后方可开始拆除钢套筒上半部和后端盖。清除套筒内余渣，利用250 t履带吊和100 t汽车吊配合拆除盾体，然后拆除钢套筒下半部。

3.1.4 钢套筒始发与接收注意事项

（1）在洞门端头无加固的情况下，在连续墙施工时要尽量避免将型钢接头设置在洞门环梁范围内。采用玻璃纤维筋替代连续墙的钢筋，在下放钢筋笼时，须检查并将架立筋切割，若盾构机刀盘选用软土刀盘时，则将洞门环梁内的混凝土标号降低一个等级，此举有利于盾构机刀盘直接穿越连续墙，避免洞门破除风险。

（2）钢套筒始发时在套筒内底部安装两根P43钢轨，钢轨顶面标高用以引导盾体顺利进入洞门。为防止出现意外，钢轨头应伸入洞门环梁内，刀盘未推进到钢轨头部前不得转动刀盘。

（3）盾构在钢套筒内的掘进速度和推力应尽量取低值，应控制姿态始终保持抬升状态，防止发生进出洞"栽头"现象。

（4）盾构接收时其底部回填料应具有一定的强度，优选中粗砂和碎石混合料或采用M5号砂浆，接收套筒内不得安装钢轨。

3.2 长大盾构区间中间风井钢套筒接收及二次始发技术

出于安全通风的考虑，长大盾构区间在隧道沿线往往会设置多个中间风井，需进行多次盾构到达接收和二次始发，盾构始发与接收是盾构隧道施工的重大风险点之一。在富水砂层中，当风井内外水土压力差较大、端头加固质量无法保证时，盾构在中间风井到达和始发过程中，盾壳外间隙会发生涌水、涌砂的风险，采用在中间风井内安装钢套筒进行接收及二次始发，可降低盾构始发与接收的风险。

3.2.1 长大盾构区间中间风井钢套筒接收及二次始发施工工艺

1. 施工准备

（1）钢套筒设计与加工。

按照中间风井结构尺寸制作钢套筒，钢套筒由6个标准节+2个过渡环及两侧横向型钢支撑组成。筒体部分长11 400 mm，直径（内径）为6 820 mm，分为六段，各段长度尺寸为700 mm+4×2 500 mm+700 mm，每段又分为上、下两半圆。筒体主要材料为Q235B，钢板厚度δ=20 mm，每段筒体的外周焊接纵、环向筋板以保证筒体刚度，筋板厚20 mm，高140 mm，间隔550～600 mm。每段筒体的端头和上、下两半圆接合面均焊接法兰，法兰采用40 mm厚的板，上、下两半圆及两段筒体之间均采用M30-8.8级高强螺栓连接，中间加8 mm厚橡胶垫。在筒体底部制作底部框架，底部框架分四件制作。底部框架承力板用

20 mm板，筋板用20 mm板。两端设有长度为700 mm带有工作窗口的筒体，两侧均各设一个侧门，用于工作人员进出钢套筒内清理渣土等；两端设有过渡环与洞门钢环相连，过渡环长度为550 mm。

（2）测量放线。

盾构风井主体具备接收条件后，组织测量人员对盾构风井主体进行复测，测量实际偏差量，并将隧道中心线和标高标识在风井的侧墙上，为钢套筒安装提供数据支持。

主要复测项目包括：盾构井底板标高、侧墙和端墙位置及倾斜度、标准段底板标高、标准段侧墙净空、中板底标高、中隔墙位置等。

（3）风井清理。

将风井内的积水和杂物清理干净，按照设计标高回填混凝土并预埋钢套筒底座钢板。

2. 钢套筒安装

（1）主体部分连接。

①在开始安装钢套筒前，应先确定隧道中心线，即钢套筒的中心线。钢套筒定位时，要求钢套筒中心线、隧道中心线两条控制线重合。

②在地面组装好钢套筒的筒体1、筒体2、筒体3及过渡环，并依次把过渡连板与筒体1、筒体2、筒体3下放到风井内，在风井内先整体组装好。

③采用2个80 t液压千斤顶前后纵向顶推底部框架，直至隧道中心线，然后向后洞门方向平移，直至与洞门预埋环板相接，并保持隧道中心线与钢套筒中心线不偏离。

④在地面组装好钢套筒的筒体4、筒体5、筒体6及过渡环，并依次把过渡连板与筒体6、筒体5、筒体4下放到风井内，在风井内先整体组装好。

⑤采用2个80 t液压千斤顶前后纵向顶推底部框架，直至隧道中心线，然后向前洞门方向平移，直至与洞门预埋环板相接，并保持隧道中心线与钢套筒中心线不偏离。

⑥最后整体把钢套筒组装完成后，对筒体位置进行复测，检查其与盾构机到达的中心线是否重合。

（2）钢套筒的过渡连接板与洞门环板的连接。

钢套筒安装完成后，对中心线复测，确认无误后，将过渡连接板与洞门环板焊接。

钢套筒的过渡环与洞门环板相接触后，要检查两个平面是否能够全部连接，由于洞门环板在预埋的过程中可能出现变形或平面度偏差较大的情况，所以可能会造成过渡连接板有些地方无法与洞门环板密贴，此时需在这些空隙处填充钢板并与过渡板焊接牢固，务必将空隙尽可能地堵住。在确定过渡环板与洞门环板全部密贴后将过渡板满焊在洞门环板上。

（3）钢套筒底部框架与底板预埋板焊接。

钢套筒整体安装定位完成后，对中心线复测，确认无误后，将钢套筒底部框架与底板预埋板焊接，防止钢套筒左右发生位移。

（4）支撑安装。

钢套筒与洞门环板焊接完成后，经检查确认无误，即安装筒体上部和侧部支撑。

3. 钢套筒密闭检测

钢套筒组装完成后，在筒体内通入压缩空气检查其密封性，气压为0.2 MPa，若在12 h内，压力保持在0.18 MPa以上，则满足钢套筒接收要求；如果小于0.18 MPa，检查并修复漏气部分，然后再次进行试压，直至满足试压要求。

4. 回填

在钢套筒底部60°范围内采用低标号砂浆回填或采用碎石+中砂混合料回填，并保证砂浆基座伸入洞门内与加固土体相接，以保证刀盘进出钢套筒时不"栽头"，确保盾构接收与二次始发时姿态稳定。回填时，采用一条$\phi 609$ mm的管路连接，地面设置一个漏斗，将填料直接从漏斗输送至钢套筒内。

5. 盾构到达接收进入钢套筒

详见3.1节，不再赘述。

6. 刀具检查及更换

盾构到达接收进入钢套筒，盾尾脱离洞门并注浆封堵完成，确保无渗漏水时，拆除刀盘位置钢套筒上半部，清理渣土，检查并更换磨损严重的刀具。

7. 盖上钢套筒及密封

盾构刀具检查并更换完成后，盖好刀盘位置的上部钢套筒，并处理好密封。也可在洞内通过盾构人舱进入刀盘前方检查刀具的磨损情况，并对磨损严重的刀具进行更换，避免因拆除钢套筒上半部再安装而影响钢套筒的密封性。

8. 更换盾尾刷

完成钢套筒密封后，在钢套筒内将盾构前推至盾尾脱出管片，更换盾尾刷。

9. 安装管片及二次始发

盾尾刷更换完成后安装管片，钢套筒内采用负环管片。安装负环管片时，刀盘前方的空隙可通过刀盘的膨润土注入口注入膨润土回填，恢复至正常掘进状态时进行二次始发，并控制好盾构的始发姿态。保证盾尾油脂注入饱满，并严格控制盾构在钢套筒内的掘进速度、推力和土仓压力。

10. 钢套筒及管片拆除

盾构机掘进至下一个风井或待区间掘进完成后，利用空余时间最后拆除钢套筒装置和套筒内的管片，施做洞门。拆除时，先拆除钢套筒上半部和管片上半部，然后再依次拆除管片下半部和套筒下半部。

3.2.2 施工注意事项

（1）在施工中央风井围护结构时，要提前充分考虑盾构中间风井始发与接收的方案，使围护结构刚性接头避开洞门范围，同时将连续墙的钢筋用玻璃纤维筋替代，背水面侧可采用普通钢筋，但在钢套筒回填之前要进行破除切割。在下放钢筋笼时必须将架立筋切割，若采取软土刀盘盾构，最好将洞门范围内的连续墙混凝土标号降低一个等级，确保盾构可顺利穿越连续墙。

（2）安装钢套筒时，因其无反力架与后端盖作支撑，完全依靠筒体本身和洞门钢环作支撑，始发及接收端过渡环与洞门钢环必须焊接牢固，保证密封质量，不能有渗漏水情况发生。

（3）长大盾构区间一次性掘进距离较长，在砂层或砂卵石层中长距离掘进时盾构刀具磨耗较大，因此在中间风井处应对盾构机进行全面检修，检查刀具的磨损情况并对磨损严重的刀具进行更换。

（4）更换刀具可采取拆除刀盘前钢套筒上半部，清除回填料，在洞外进行刀具更换的方式，也可在洞内通过人舱进行。无论采取哪种方式，都要注意施工安全。若在洞外进行刀具更换，则需注意拆除及安装套筒的困难性和安装后套筒的密封性，防止重新安装发生渗漏；若在洞内进行更换，虽然是无压作业，但因空间狭小，要加强动火作业安全管理，加强通风。

（5）按规范要求长距离掘进时，超过2 km宜更换一次盾尾刷，因此应考虑在中间风井处主动更换盾尾刷，确保下步掘进过程中的安全性。在更换盾尾刷前将停机位置规划好，以盾尾刷脱离管片为宜。同时要加强洞门封堵注浆，确保盾尾刷脱出时无渗漏水现象发生。

3.3　盾构机钢筋混凝土箱接收技术

盾构机钢筋混凝土箱接收施工同钢套筒接收施工的技术原理基本一致，目的是为盾构进洞提供一个密闭的接收空间，只是将钢套筒密闭换成了钢筋混凝土箱密闭。

1. 施工准备

按照设计，利用水土压力公式$P=\gamma h$计算出钢筋混凝土墙的厚度和加固方式。测量放线钢筋混凝土箱的准确位置，并在侧墙和底板上标识清楚。

2. 钢筋安装

钢筋混凝土箱净空长度为10.5 m，宽度及高度与洞门钢环外径一致。搭设脚手架操作平台，用ϕ16 mm螺纹钢筋加工制作双层钢筋网骨架，混凝土厚度为350 mm，保护层厚度为30 mm，钢筋间距为150 mm，钢筋前端植入前端墙内，钢筋下部植入端头井底板内，钢筋骨架角部设加强筋。在后端墙距离底板200 mm处安装一个减压阀门，用来调整箱内水压。

3. 立模

采用18 mm厚胶合板作混凝土侧模板，模板采用对拉螺杆进行加固，拉杆为带止水环可拆卸式拉杆，间距为1 m，采取梅花形布置。两侧及后端分别采用水平支撑或斜撑进行支撑加固，两侧支撑在侧墙上，斜撑支撑在底板上，顶部采用横向拉杆拉紧。

4. 侧墙混凝土浇筑

混凝土采用C25混凝土，浇筑时应分层、对称浇筑，采用插入式振捣器振捣密实。严格控制浇筑速度，浇筑下部混凝土时可考虑加入早强剂或速凝剂，混凝土浇筑前应在前端墙接缝处涂刷混凝土界面剂和遇水膨胀止水胶。

5. 混凝土箱加固

混凝土箱两侧采用I20型钢支撑进行加固，水平纵向杆件每道间距为2 m，竖向杆件每道间距为1 m，后端采用ϕ609 mm钢管顶紧加固杆件，确保混凝土箱加载后的整体稳定性。

6. 注水试验

拆除侧墙模板且混凝土养护14 d后，将混凝土箱内注满水进行密闭性试验，若有渗漏情况出现，采用注浆止水方法处理。

7. 回填

在钢筋混凝土箱内回填泥+水、砂+水等混合料，底部回填具有一定强度的材料，如砂石、砂砾石混合料或低标号水泥砂浆，防止进入钢筋混凝土箱内出现"栽头"现象。出现回填环境比较困难的情况时，可采用轻质泡沫混凝土进行回填。

8. 顶板封盖混凝土浇筑

混合料回填完成后，将顶部找平作为顶板封盖混凝土的底模板，浇筑混凝土前将墙顶施工缝进行凿毛处理，涂刷混凝土界面剂，打上遇水膨胀止水胶条，每间隔500 mm安装一道水平拉筋，拉筋为直径22 mm螺纹钢筋。混凝土厚度为150 mm，采用平板式振动器振捣密实。

9. 盾构到达接收进混凝土箱

混凝土养护14 d且混凝土强度达到要求后，才可进行盾构接收。

3.4 盾构泥土平衡接收技术

3.4.1 盾构泥土平衡接收施工原理

在盾构接收竖井内，用混凝土墙或钢板将隧道竖井的另一洞口封闭，并在井底施做混凝土接收导台，混凝土导台标高与洞门钢环一致或略低10~20 mm。洞门破除前利用暗挖降水井降水或止水，然后将洞门划分为9块，由下而上破除洞门围护结构（通常可采用玻璃纤维筋代替钢筋免除破洞门）。随洞门的破除进度而随时回填土方，一边回填，一边夯实土方，待土方回填到洞门钢环顶标高以上2 m时结束回填。土方表面采用20 cm厚C20素混凝土封闭，使其成为一个密闭的空间，建立一个井内外水土压力平衡环境。盾构进入密闭空间后按照地层内盾构正常掘进参数进行掘进，同时降低盾构总推力至6 000 kN以内,通过洞内同步注浆和二次注浆及时封闭洞门环,确保盾构顺利实现接收。破除素混凝土,清除剩余的回填土,焊接吊耳,将盾体及后配套逐节吊出井外,用平板车运输至指定位置。

3.4.2 盾构泥土平衡接收施工工艺

1. 施工准备

(1)材料准备。施工必需材料、设备、机具备齐,以满足本阶段施工要求,管片、连接件等准备足够的余量。准备一环背覆钢板闭口环管片,作为盾构接收最后一环管片。准备三环各含15个注浆孔的管片,即除封顶块外每块管片增加2个注浆孔(每块管片注浆孔3个,共5块管片,合计15个注浆孔),减小原注浆孔间的距离,用于盾构接收后实施封闭注浆。

(2)测量放线。盾构接收前的测量是指复核盾构所处的方位,确认盾构的姿态、里程,复测洞门偏差,拟定盾构接收段的施工轴线、推进坡度的控制值等参数,确保盾构在此阶段的施工中始终能够按照预定的方案实施,以良好的姿态接收,并准确就位在盾构接收导台上。

2. 洞门封堵

盾构接收井另一端洞口需要采用钢筋混凝土墙或钢板+工字钢组合式墙封堵,洞门封堵墙要进行专项设计,按照相关要求进行结构受力检算,其验算结果应满足强度要求。盾构掘进过程中控制盾构总推力不得大于验算荷载设计值。

采用钢板+工字钢组合式墙封堵,钢板高7.8 m、宽8.3 m,厚10 mm,在钢板后设置15道间距为0.61 m的竖向支撑,在竖向工字钢后设置3道间距1 m的横撑,最后再设置6道斜撑,以上支撑均采用I22a工字钢,如图3.10所示。

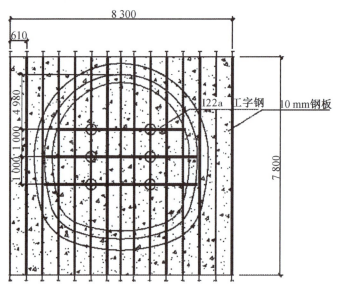

图 3.10 钢板+工字钢洞门封堵图

3. 混凝土导台施工

（1）立模。

在竖井底板上测量放线混凝土导台位置，用胶合板作混凝土侧模板，用拉杆件及横撑进行加固，混凝土导台断面图如图3.11所示。

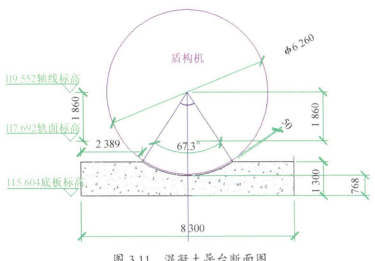

图 3.11　混凝土导台断面图

（2）混凝土浇筑。

用混凝土泵车泵送入模，采用插入式振捣器振捣密实。导台采用C30混凝土，其顶部圆弧半径与盾体半径一致，均为3 150 mm。在混凝土浇筑及收面时，必须保证混凝土面弧度满足要求，待达到初凝时及时对各弧面进行测量，并处理超限点。浇筑完成后养护不小于14 d。

4. 洞门破除

利用施工竖井的降水井对竖井降水至底板下，自下而上凿除围护结构，凿除时分上、中、下9块进行凿除。洞门凿除前，先开设9个观察孔至隧道范围土体内，检查其土体的自立性和渗漏情况，必要时采取注浆等补强措施，确保洞门凿除时土体的稳定性。凿除切割钢筋后立即进行回填处理。

5. 井内土方回填

为保护已浇筑完成的混凝土导台，应先填砂至混凝土导台顶面20 cm，防止洞门凿除时混凝土掉落破坏导台结构。洞门凿除按照自下而上的顺序进行，每凿除0.5 m便及时回填土方并分层夯实，土方压实方式以蛙式夯机为主、人工配合为辅，依次由下向上铺平夯实，回填一层夯实一层。土方回填至洞门钢环以上2 m位置处结束，铺平夯实后再用20 cm厚C20混凝土封闭，形成密闭接收空间。

6. 盾构到达接收

盾构接收进洞前，严格控制好盾构姿态、盾构推力、掘进速度和纠偏量，使盾构中心略高于设计中心20 mm,确保盾构进洞位置准确。盾构土中接收时盾尾油脂、同步注浆等需按要求压注,直至完成盾构接收。盾构主体全部通过洞圈进入接收井侧墙内皮前,要停止掘进,保持盾构盾尾注浆孔仍然处于钢洞圈外的围护结构外侧,以便于利用同步注浆孔向围护结构外侧土体压注浆液,密封接收井内外空隙。

盾构在竖井内接收继续掘进,直至完成隧道最后一环特殊管片拼装;然后通过同步注浆系统注入化学浆液,封闭地下水,盾构继续掘进直至盾尾脱出最后一环管片时停止掘进;最后4、5环通过吊装孔或特殊管片注浆孔进行二次注浆,二次注浆浆液为水泥-水玻璃双液浆,采取控制注浆压力和间隔注浆方式,防止浆液大量窜入竖井土体内。注浆位置达到封闭洞门环后,监测无水土压力时,盾构机可继续开启螺旋输送机出土,尽量出完刀盘前方土方,减少人工出土工作量。

7. 盾构拆解吊出

人工破除顶盖封闭混凝土,清理剩余土方,如图3.12所示。破碎后的混凝土与待清理土方置于刀盘前方,尽量通过盾构螺旋输送机出土。在盾体上焊接吊耳,经探伤检测合格后,用千斤顶分离刀盘、前盾、中盾、尾盾,用500 t和200 t吊车分别将盾体吊出井外,用平板车运输至指定位置。

图 3.12 余土清除

3.4.3 分步接收施工技术

在竖井长度不足以完成一次性接收的情况下,在竖井内可采用分次接收、分次拆解盾体技术。

1. 盾构分步接收

(1)盾构接收时由于博—工盾构井长度仅有10.8 m,盾构无法一次完成接收,当盾构机第663环拼装完成后,推进第664环时开始通过径向注浆孔向盾构四周注入化学浆液,以封堵后方来水。盾构首次接收到达距离封堵墙端头2 m左右时停止掘进,通过分步顶推、分步拆机工艺,逐步拆除盾体,如图3.13所示。

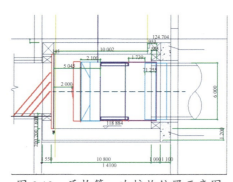

图 3.13 盾构第一次接收位置示意图

（2）破除封闭混凝土，开挖上部土方，清除周边残土。当清除刀盘前方下部土方时，由于盾体两侧土方较高、坡度较陡（约为71°），因此，在两侧盾体上焊接钢筋，采用木板进行支撑防护，待刀盘全部露出后，拆除及吊出刀盘，如图3.14所示。

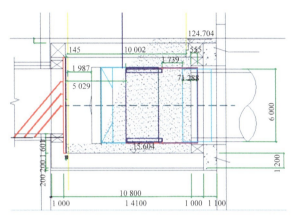

图 3.14　刀盘拆除吊出示意图

2. 盾体前移及吊出

（1）利用盾构机自身推进油缸，将盾构机继续向前推进，拼装最后一环特殊管片，同步注双液浆止水封闭洞门，当盾尾脱出洞门约500 mm时（盾尾刷已全部露出）停止推进，除去盾构机上部渣土。一边除去渣土，一边用准备好的钢板及快速水泥封堵施工缝隙。

（2）用千斤顶分离前盾和中盾，并将前盾吊出，如图3.15所示。

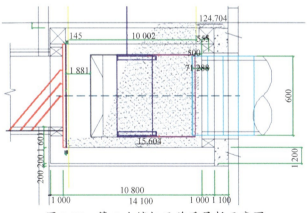

图 3.15　第二次停机及前盾吊拆示意图

（3）钢板封堵后启动洞内二次注浆（666环处），注浆时需注意盾构机底部有无翻浆。

（4）利用盾构机自身推进油缸，将盾构机继续向前推进，当盾尾脱出管片约366 mm

时停止推进,拆除拼装机并放置盾尾内。

(5)利用自身推进油缸将中盾、尾盾分离,同时将尾盾、中盾吊出,最后将后配套台车驶运至盾构始发井并吊出洞外。第三次停机及中盾、尾盾吊拆示意图如图3.16所示。

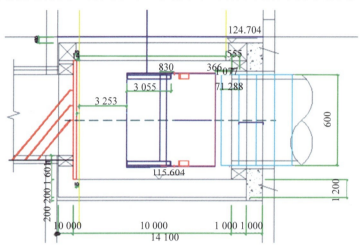

图 3.16　第三次停机及中盾、尾盾吊拆示意图

3.5　本章小结

(1)盾构机在富水砂层中始发与接收时,由于地下水位高、渗透能力强、周边环境复杂,常规加固处理方式施工难度大,质量难以保证,且加固处理费用高,通过采用钢套筒替代传统端头加固方式进行盾构始发与接收施工,可充分发挥钢套筒的优点,多端头可连续重复使用和回收,更能降低成本。

(2)采用钢套筒始发与接收技术,在围护结构施工时,将洞门环范围内的围护结构钢筋用玻璃纤维筋替代,可实现端头免加固和洞门免破除,降低了洞门破除安全风险。

(3)在长、大盾构区间的中间风井采用钢套筒接收及二次始发,能实现盾构始发与接收连续作业,大大缩短了盾构施工工期,可在钢套筒内进行刀具检查、更换和盾尾刷更换作业,施工安全更有保证。

(4)采用泥土平衡技术,在富水砂层竖井或中间风井内采用回填渣土模拟土中掘进工况,施工操作简单,实现了盾构机顺利接收,有效解决了地面场地狭小、管线众多、近接建筑物端头加固难度大等技术难题。

(5)在车站封闭、钢套筒安装困难时,可考虑采用现浇混凝土箱代替钢套筒,其内回填轻质泡沫混凝土。钢筋混凝土箱采用常规施工工艺,操作简单,不受场地限制,施工灵活,破除方便,混凝土运输及渣土运输均可采用小型车辆作业。

第4章 盾构机平移调头过站与拆解新技术

4.1 盾构机暗挖车站风道内侧向平移转体吊出技术

4.1.1 技术背景

哈尔滨地铁2号一期工程省政府站的设计为暗挖双层岛式车站，采用洞桩法施工，车站两端设计为风道，采用矿山法CRD工法施工，前期兼作施工运输通道。风道有效净空长度为40 m，宽度为8.5 m；竖井有效净空长度为5 m，宽度为9.95 m（以横通道长度方向定义）。其结构尺寸不能满足盾构一次性接收、拆解、吊出要求，故省政府站两相邻区间，即工人文化宫站—省政府站、省政府站—衡山路站区间，原设计采用矿山法施工，但通过研究决定采用暗挖车站风道内侧向平移转体吊出技术，为盾构法施工提供了新方法和新工艺。

4.1.2 暗挖车站风道内侧向平移转体吊出施工原理

在暗挖车站外挂风道底板工作面上，预先整体铺设钢板，在钢板上安装接收托架，将盾体与托架焊接牢固，使托架与盾体形成一个整体。接收托架采用分节设计，托架分节长度与刀盘和前盾、中盾、盾尾长度基本一致，以便于分节转体、横移。在钢板上焊接千斤顶反力支座，利用两台液压千斤顶顶推托架侧向平移，到达指定位置后，再利用两台千斤顶分别在两侧端头施加一对力偶，同步顶推托架旋转90°，然后再将两台千斤顶移至同侧，同步顶推托架使分节盾体进入风道竖井内，通过旋转使盾体各分节与结构尺寸达到一致，满足盾体吊出的要求，最后利用大吨位吊车将盾体逐节吊出暗挖车站。

4.1.3 施工工艺

1. 施工准备

（1）施工人员进入地铁暗挖车站风道施工场地后，及时对盾构机接收、平移场地平整，并清理障碍物，合理规划材料堆放场地。

（2）钢板铺设。施工人员进场后，对盾构井基面进行清理。风道底板与平移通道需拼接平铺20 mm厚钢板（8 m×28 m），从风道井口铺起，钢板距两边侧墙距离均为250 mm，托架下面需铺两块20 mm厚钢板（4.75 m×3.25 m，3.25 m×3.25 m），分别对应4.5 m托架部分和3 m托架部分铺好，前后两侧距侧墙250 mm。铺托架钢板前需在两层钢板间抹黄油。

（3）接收基座的安装。接收基座分为长4.5 m和长3 m两部分，靠近洞门端放置4.5 m部分。接收基座沿隧道轴线前后两端均距两边侧墙500 mm放置。接收基座的中心轴线应与隧道设计轴线一致，同时还需兼顾盾构机出洞姿态。接收基座的轨面标高除适应线路情况外，还需作适当调整，以便盾构机顺利上基座。为保证盾构刀盘贯通后拼装管片有足够的反力，将接收基座以盾构进洞方向+3‰的坡度进行安装。对接收基座加固，在接收井铺设钢板与接收架焊接,并利用膨胀螺栓、工字钢等材料将接收基座支撑在接收井的混凝土结构上,尤其要加强纵向加固,保证盾构机能顺利到达接收基座上。

2. 盾构机接收

盾构机上接收基座直到接收至6.5 m后停止推进,然后拆除连接桥、皮带机、螺旋输送机、中盾与前盾连接的线路、中盾与前盾连接的螺栓,再进行中盾内加固人仓、拆除人仓螺栓、前盾及接收基座上加工分离盾体所需的油缸支座等工作,准备分离中盾和前盾,如图4.1所示。

图 4.1　盾构机接收上托架示意图

3. 前盾与中盾分离

使用2个100 t千斤顶将前盾与中盾顶开870 mm,这时前盾已完全上了3 m部分托架,两部分托架连接处也露出。开始拆除连接部位螺栓,割开焊接部位。焊接前盾左右两侧的支撑,焊接平移顶推千斤顶所需的反力支座,如图4.2所示。

4. 前盾及刀盘侧向横移吊出

使用两个100 t千斤顶将盾体刀盘及前盾、托架整体侧向平移,平移过程中需在平移通道钢板上涂抹黄油。在前盾法兰面侧加焊型钢支架稳固,

图 4.2　前盾与中盾分离示意图

前盾支架焊完后开始沿定点转体90°,水平旋转采用前后施加一对力偶的方式进行,即在刀盘前、后端托架各安装1个千斤顶,同步顶推,形成一对力偶,然后继续顶推前移至竖井内,如图4.3所示。前盾及刀盘到达吊出竖井内后,割除前盾型钢支架,割完后继续向前平移1 m,将刀盘与前盾分离,分别将刀盘、前盾吊至地面,翻身装车运走。最后将3 m部分托架运回至接收井内拼接好,接收中盾与盾尾。前盾与中盾分离时,盾尾在洞内还有2 334 mm,最后一环管片行程不满足拼装空间要求,待前盾与刀盘平移后继续向前推进至足够拼装行程后,再将最后一环管片拼装好,利用加长顶撑顶推至盾尾脱出最后一环管片300 mm后停止,开始准备盾构机断高压电,中盾与盾尾

图 4.3　前盾及刀盘旋转90°侧向平移至竖井口

分离，桥架与拼装机分离，拼装机在盾尾内加固，盾体内管线拆除，台车间管线拆除等拆机工作。

5. 盾构机与后续台车分离

（1）调整拼装机的位置，使拼装机的前移、定位机构位于其正下方；旋转螺旋机，使螺旋机内部渣土清理干净。

（2）利用盾构机推进千斤顶，将盾体往前移动，直至盾体完全处于接收架上。

（3）在管片车上焊接支架，利用支架支撑牵引杆、连接桥、皮带机前端。

（4）断开盾体和台车之间的水电、液压管线及钢结构的连接，对管线进行编号，并做好清洁保护工作。

（5）在盾体外壳焊接防止盾体转动的限位钢板，以及防止铰接活动的钢板。

6. 中盾平移吊出

中盾与盾尾分开后，将中盾继续顶至距侧墙600 mm时停止，如图4.4所示，再拆除托架连接部位螺栓，割开连接处焊接加固部位。在盾体两侧采用200H型钢焊支撑，并在钢板上焊接千斤顶反力支座。准备工作完成后，侧向平移6.8 m，再开始定点沿顺时针方向转体90°，水平旋转的定点做法与前盾旋转一致。将加固支架焊接稳定，继续平移9.6 m到达吊出竖井内，吊车下钩挂好钢丝绳后割除焊接的加固支架，然后吊至地面装车运走。

图 4.4　中盾尾盾脱出管片

7. 尾盾平移吊出

中盾吊出后，将盾尾在原地定点沿逆时针方向转体90°，然后平移至吊出竖井内吊出，待吊至地面后，用吊车配合人工手拉葫芦将拼装机从盾尾内拉出，同时焊接支架子支撑盾尾，稳定后装车运走。

4.2　盾构机车站内调头及二次始发技术

4.2.1　技术背景

哈尔滨站站—博物馆站（简称哈—博）区间位于哈尔滨市南岗区，区间线路主要沿颐园街敷设，区间上部道路狭窄，两侧存在较多建筑物。本区间右线起点里程为SK18+685.655，终点里程为SK19+276.950，全长591.295 m；左线起点里程为XK18+685.655，终点里程为XK19+276.950，长链长1.928 m，全长593.223 m。区间纵向呈单向坡度，最大坡度为26.07‰，隧道埋置较深，其结构顶覆土厚度为9.78~12.1 m。

本区间采用盾构法施工，盾构机由尚志大街站始发，经过哈尔滨站站后掘进哈—博区间右线，待右线施工完成后在博物馆站站内调头。博物馆站由1号线施工单位代建，上盖松雷商厦已正式营业，车站端头未预留吊出口，现场无吊出条件。因此，当盾构掘进至博物馆站时，需要在博物馆站内调头，再掘进哈—博区间左线，最后到达哈尔滨站站接收吊出。

4.2.2 盾构调头施工技术

盾构机接收前，需在车站接收井底板上做好场地平整和标高找平的工作，并铺设钢板作为调头工作平台，平台上装有盾构接收架。当盾构机进入接收架后，将盾构机与接收架焊接成整体，借助车站端墙作为支撑点，使用2个200 t的千斤顶顶推接收架向前移动，使螺旋输送机尾部整体脱离盾构管片范围，再使用千斤顶横向顶推始发托架，使盾构机到达预定的转体位置。水平旋转施工需分别在托架两个对角位置安装千斤顶形成方向一致的力偶，两个千斤顶同时顶推使盾构机顺时针偏转90°，再将盾构机顶推至预定始发洞口的合适位置，使盾构机原地再顺时针方向偏转90°完成调头，最后微调盾构机，使刀盘中心对准始发洞口中心，采用后配套台车拖拉至尚志大街站始发井吊出，并运输至下一相邻区间——博—工区间（此区间先贯通）工人文化宫站下井。电瓶车及后配套台车通过博—工区间运输至博物馆站，再与调头就位好的盾体连接。若下一相邻区间没有优先贯通的条件，则在车站主体结构施工时，预留后配套台车调头条件，即在调头位置预留一根结构柱以满足后配套台车调头空间要求；在车站底板铺设后配套台车转运轨道和道岔，在中板结构上预留转向吊装孔洞，并安装万向转动倒链，以便完成台车转向。

4.2.3 盾构机调头施工工艺

1. 盾体机调头

在设计阶段，应在端头井内预留盾体调头条件，使端头井最低处的高度不得小于盾体的外径加接收托架高度。

盾构接收进洞前用槽钢将最后10~15环拉紧，使盾构空推接收上托架，直至最后一环管片拼装完成，同时注浆封堵洞门，然后继续空推使盾尾脱出管片，同时焊接钢板封堵洞门，断开盾体与后配套台车之间的连接。

2. 后配套台车转场与调头

后配套台车调头比较困难，施工前应提前做好预留调头条件策划，结构预留孔洞应满足吊装荷载的要求，当检算结构强度不能满足吊装载荷时，需要增设暗梁，以满足载荷强度要求。为避免麻烦，可将后配套及设备等转场到下个区间始发场地，尽量利用下一个已经贯通的区间，在此区间重新建立始发场地完成本区间的盾构掘进施工。这种方式简单方便，但有的施工场地并不具备这种条件，调头的情况仍然存在，下面针对后配套台车调头进行阐述。

（1）后配套台车（简称台车）牵引运输。

盾体与台车分解后，台车利用电瓶车分节牵引，连接桥用两根20工字钢将桥架悬臂焊接固定在管片运输车上运输，1#台车与连接桥整体运输示意图如图4.5所示。因连接桥加1#台车总长度已超过20 m，不能满足一起调头的净空要求，将整体拖拉至车站后，分离连接桥与1#台车，采用设备将连接桥推至调头位置进行调头，如图4.6所示。由于电瓶车牵引能力有限，因此需结合每节台车重量分批次牵引运输，本书案例中盾构机为铁建重工双螺旋盾构机，后配套台车的尺寸及重量统计表见表4.1。

表 4.1　后配套台车的尺寸及重量统计表

序号	部件名称	外形尺寸（长×宽×高）/(mm×mm×mm)	重量/t
1	连接桥	12 353 × 4 682 × 3 348	14
2	1# 台车	10 800 × 4 500 × 4 000	36
3	2# 台车	12 600 × 4 500 × 4 000	42
4	3# 台车	10 800 × 4 500 × 4 000	28
5	4# 台车	10 500 × 4 500 × 4 000	20
6	5# 台车	10 300 × 4 300 × 3 400	18
7	尾架	5 300 × 4 600 × 4 000	6
8	管片小车	5 700 × 1 500 × 380	3

由于连接桥无轮，只能架立在管片运输车和1#台车上，因此连接桥需与1#台车一起运输，其他台车可分节运输。

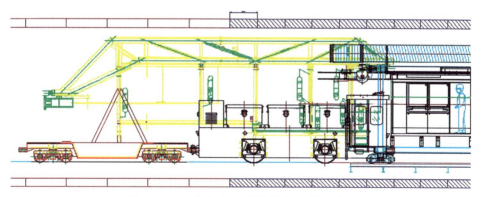

图 4.5　1# 台车与连接桥整体运输示意图

后配套台车调头位置应选择在两侧限界充裕的车站中部，2#隧道始发洞口距调头位置至少为70 m，以便于各节台车调头后能依次排列于盾体后。

电瓶车牵引各分解台车进入台车停留区，再拨动1#隧道与调头区岔道的转轨器，使电瓶车反向牵引台车进入调头区。

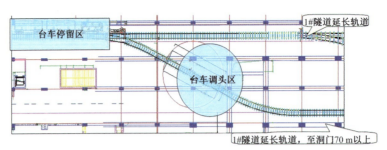

图 4.6　后配套掉头示意图

（2）后配套台车分节调头。

电瓶车分节牵引后配套台车至预定位置后，即开始调头施工。连接桥应先与1#台车和管片运输车分离后再调头，调头后前端仍然由管片运输车支撑架支撑，尾部由增加的管片运输车支撑架支撑，连接桥调头后支撑示意图如图4.7所示。

图 4.7　连接桥调头后支撑示意图

除1#台车外，其余各节台车底部均能自主支撑，因此调头工序基本一致，以重量最重、尺寸最大的2#台车为例说明其调头施工工艺。

①由于2#台车尺寸较大，因此布设调头区域内、轨道延伸范围内的结构立柱和上翻梁不得施工，为调头施工提供基本条件（本案例中四根立柱影响调头）。

②台车调头使用的垂直提升工具为50 t手拉倒链（一用一备），手拉倒链的吊钩应具备360°转向功能，吊装的位置位于台车尺寸位置的正中央。

③将四根等长的钢丝绳和15 t卸扣一端连接台车的四个吊装孔，四根钢丝绳另一端同时穿入手拉倒链的吊钩内。

④台车提升前，应检查台车内液压油是否已经排空，将易滑落的物品提前取下；提升时，使台车滚轮脱离轨道10 cm即可。

⑤作业人员组成两个推车小组站在台车的对角两侧位置外，朝同一时针方向转动台车直至完成调头，旋转半径为6 690 mm。

⑥当台车下落时，安排四个作业人员密切关注滚轮与轨道的对准情况，确保四个滚轮能同时坐落于轨道上。

⑦台车完成调头后，由电瓶车牵引至2#隧道延伸轨道区域内，按照连接桥—1#台车—2#台车—3#台车—4#台车—5#台车顺序排列。

3. 电瓶车队调头

电瓶车队可行驶至原盾构始发井位置利用龙门吊完成调头。

（1）将第一列电瓶车组开至1#隧道的始发车站内，第二列电瓶车组车头开至始发井中央位置处，并将第二列电瓶车车头与车组分离。

（2）使用45 t龙门吊将第二列电瓶车车头吊出始发井，放至安全位置。

（3）利用第一列电瓶车组将第二列车组拖至始发车站内，再将第二列电瓶车头旋转180°后下吊至第二列车组尾部，并与管片小车连接，最后分离第一列与第二列电瓶车组。

（4）将第二列电瓶车组的砂浆罐车开至始发井中央位置，分离、吊起、旋转180°后放至电瓶车头与管片小车之间。依此类推完成整列电瓶车组的调头。

（5）采用相同方式完成另一列电瓶车组的调头。

4.2.4 盾构机调头的注意事项

（1）洞门混凝土凿除后，清理掉钢板上的渣土，既确保了盾构接收时前方没有障碍，也减小了盾构调头和平移时受到的阻力。

（2）盾体前盾和中盾的支座一定要焊接牢固，支座底部要比油缸接触面大，使支座底部能保持水平。

（3）拆机前要将油管内的油放尽，避免外流影响拆机场地环境。

（4）利用电动液压千斤顶顶升盾体时，先利用前盾两侧的油缸进行顶升，保持中盾不动，待盾构机前盾支起后，对前盾接收架下的空隙进行平垫，以保持盾构机的稳定，撤除前盾两个油缸后，再利用中盾两侧油缸对盾构机进行顶升。

（5）盾构机主体在调头和顶进过程中，在托架两侧必须设专人进行观测与查看，当出现异常情况时，立即停止液压泵站工作，待重新调整托架位置后继续进行调头和顶进。

（6）在千斤顶对盾构机主机的顶进过程中，要保持两台千斤顶的顶进速度均匀，速度不宜过快，为保证盾构机始发架准确定位，可利用千斤顶对始发架进行微调。

（7）如果千斤顶对盾构机的顶进速度较慢，可在钢板上涂上一层润滑油，以减少盾构机在移动中受到的摩擦力。

（8）在对后配套台车进行轨道铺设时，由于工作井和站台有高差，需要利用工字钢或油桶内灌装灌混凝土制成的支墩垫起搭桥进行过渡，且对电瓶车从隧道进入车站的必经过道进行加固处理，以免长期行走引起变形造成电瓶车脱轨。

4.3 盾构机过站新技术

在多个盾构区间连续掘进施工中，盾构机若采用转场方式进行转移，通常需要利用大型吊车完成解体、吊出，重新组装，再进行二次始发。如果车站施工已完成封闭没有预留吊出条件，或者中间车站施工现场条件较为复杂，大型吊装、运输设备进出场困难，仍使用此方法耗时长、费用高、风险大、经济性较差，因此，在此种情况下可采用盾构机过站的方式来节约工期和施工成本，目前此法在国内外已有不少成功案例，一般采用托架下垫滚杆法、托架下垫滑动式托板法、托架带轮行走式、卷扬机牵引式及千斤顶顶推式等盾构机分体式过站施工工艺，此工艺需完成盾构机与后配套台车拆解、二次组装及二次调试等施工环节，工艺复杂，过站及二次始发时间长。现对中央大街站滑移钢套筒盾构整体过站及哈尔滨站站自行整体过站两种过站新技术进行简单阐述。

4.3.1 滑移钢套筒盾构整体过站

滑移钢套筒盾构整体过站是通过在已建车站底板铺设滑移轨道，采用液压千斤顶在已铺设好的轨道上对钢套筒和盾构机整体进行抬升、移动，从而实现盾构机和钢套筒整体过站的技术。此技术有效地解决了盾构机在不具备吊装条件的车站完成过站施工的技术难题，并可以节约工期，降低成本，避免了盾构机到达始发端后重新组装、调试等繁杂的准备工作，是一种安全、经济、快速的施工技术，可节约施工工期10 d/次左右。

1. 施工工艺

（1）施工准备。

①复核量测车站净空尺寸，确保车站净空尺寸与钢套筒外形尺寸相匹配并满足过站所需要的工作空间。

②首先，进行盾构接收端头井找平，安装接收钢套筒，使盾构掘进进入钢套筒，再拼装完成最后一环管片并进行注浆封堵，从而完成盾构接收。然后，做好电缆线与管路的标识，将盾体与后配套之间各种管路（线）断开，使盾体与后配套台车分离。用氧气焊切割钢套筒过渡环与洞门环之间的连接。最后，打开钢套筒后端密封盖，清理刀盘、刀具上的泥土，并检查刀盘、刀具的磨损情况，更换磨损严重的刀具。

③在车站标准段底板上铺设3组共6根43 kg/m钢轨，使用ϕ22 mm螺纹钢筋植入底板固定，分3处布置，每处2根，用来纵向移动钢套筒和盾构机。再用钢轨钻孔机在轨腰上钻圆孔，每组钻3个ϕ20 mm的圆孔，每组之间的间距为400 mm，孔间距为100 mm，用于固定千斤顶并提供反力。

（2）滑移钢套筒盾构机过站。

①在钢套筒底座两侧各安装4个100 t液压千斤顶，利用千斤顶将盾体连同钢套筒（钢套筒总重量约385 t）底座抬升，其高度大于160 mm（井底距站内高度），如图4.8所示。

②在井底先铺设10 mm厚钢板，然后在钢板上横向铺设8根钢轨并涂抹黄油，如图4.9所示。

③在端头井靠侧墙一端安装2个100 t横向顶推油缸，通过轨腰圆孔安装顶推反力支座并固定2个顶推油缸，同步推动钢套筒底座向过站中心位置横向平移。

④当盾体与钢套筒底座横向平移2 175 mm到指定位置后，再次利用8个100 t千斤顶将钢套筒底座抬升，取出底座下的横向钢轨，并铺设提前用工字钢做好的马凳和钢轨，如图4.10所示。纵向需铺设6根43 kg/m钢轨，与站内预铺过站轨道相连。

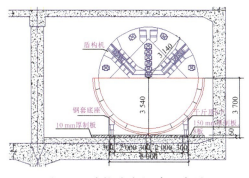
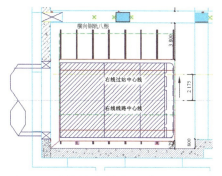

图 4.8　盾构井内抬升示意图　　　　图 4.9　盾构井内横向轨道铺设示意图

⑤盾构机纵移过站。轨道上涂抹黄油后，通过轨腰开设好的圆孔，在左右两组轨道上固定2个100 t顶推油缸，顶在钢套筒底座两侧的受力点上（图4.11），同步顶推钢套筒底座与盾体前移，当顶推油缸达到最大行程时，收回油缸，在支座前加垫方钢顶铁，重新安装千斤顶，继续顶推钢套筒，如此反复循环前移，如图4.12所示。

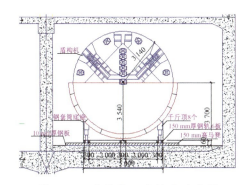
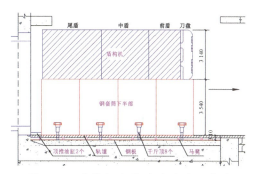

图 4.10　盾构井二次抬升示意图　　　　图 4.11　盾体纵向移动过站前示意图

图 4.12　液压千斤顶顶推钢套筒滑移过站

⑥过站完成就位。当钢套筒、盾体整体纵向移动过站后，移动至始发端头墙距洞门钢环500 mm时停止纵向滑移，同时在钢套筒底座安装4个100 t千斤顶抬升钢套筒，拖出纵向滑移钢轨，横向穿入8根43 kg/m的横向滑移钢轨，并在钢轨上涂抹黄油，然后在侧墙另一端安装2个100 t横移千斤顶，横移钢套筒2 175 mm，将盾体、套筒底座平行移动到始发轴线位置处，测量放样复核无误后，取出底部钢轨，将盾体及钢套筒底座回落到底板预埋钢板上。

⑦钢套筒固定。经过复测确认盾体位置正确后，固定钢套筒底座，将其与预埋钢板焊接成一个整体，并安装法兰密封O形圈，再用高强螺栓连接500 mm套筒过渡环。先安装渡环过下半圆，并在过渡环内焊接5 mm厚、80 mm宽的弧形止水钢板，与洞门钢环、过渡环焊接牢固，然后安装过渡环上半圆，并在过渡环外焊接5 mm厚、80 mm宽弧形止水钢板，与洞门钢环、过渡环焊接牢固。

⑧后配套台车过站（图4.13）。由于隧道底与车站底板之间存在高差，且电瓶车运输轨道与后配套台车两轨道之间在圆形隧道内也存在高差，因此，在电瓶车拖动后配套台车出洞口时需利用马凳来调整它们之间纵向坡度，线路纵坡不宜过大，应采用缓坡，防止电瓶车拖动后配套台车时产生溜车现象。轨道铺设前需要提前考虑隧道中心轴线与过站中心轴线的位置关系，保证后配套台车过站时边缘不会磕碰车站侧墙。

图4.13　后配套台车过站

当电瓶车、后配套过站轨道安装完成后，电瓶车就位，电瓶车与后配套台车进行刚性连接，保证两者成为一个整体，再由电瓶车拖拉后配套台车沿铺设轨道移动至始发端。

⑨盾构机管路连接与调试。当后配套台车到达始发端指定位置后，将后配套与盾体管路、螺旋机进行连接，并进行组装调试。

⑩安装止水基准环、反力架及负环管片。先在钢套筒内尾部安装止水基准环，止水基准环与钢套筒应紧密贴合，并注入密封油脂，再在钢套筒和基准环外安装反力架。

最后，在盾尾刷上涂抹盾尾油脂，安装负环管片，使首环管片与止水基准环紧密贴合，并注入盾尾油脂。在拼装负环管片时，每完成一环负环管片安装须进行同步注水泥砂浆，将负环管片与套筒壁之间的空隙回填，待刀盘顶推至掌子面时停止操作，为二次始发做准备。

2. 施工注意事项

（1）车站主体结构施工时，应对土建施工单位负责的钢套筒及反力架预埋件安装位置进行技术交底，确保预埋件的大小、安装位置满足盾构始发要求。

（2）在盾构始发前，为防止盾构始发时刀盘切削到连续墙钢筋或工字钢接头，造成刀盘过度磨损或损坏，应凿除洞门圆周内连续墙的砼保护层，露出玻璃纤维筋，确认洞门范围不存在钢筋或工字钢接头。如凿除砼保护层后，发现存在钢筋，则应对侵入洞门范围的钢筋进行割除，以确保盾构始发的安全、顺利。

（3）吊装过程中注意钢套筒位置尽量保持在盾构井中心，不可与周边混凝土结构发生碰撞，避免钢套筒变形。

（4）钢套筒组块连接处应采用柔性材料和膨胀性材料进行传力缓冲及加强密封。在钢套筒分块连接处设置2道嵌入式密封圈，并在内侧涂抹聚氨酯，以增大接缝处的抗变形能力。

（5）钢套筒螺栓应先整体连接再紧固，紧固时力度要对称均匀，使力矩一致，确保每节套筒之间连接紧密。

（6）在钢套筒组装完成后，须重新紧固连接螺栓，应沿环向对称紧固，使力矩均匀，并在钢套筒内表面螺栓连接缝均匀涂抹单组分聚氨酯防水涂料。再在钢套筒上焊接支撑，保证钢套筒圆柱度不变。

（7）在拼装第一环负环前，在钢套筒基准环与负环管片连接面粘贴弹性橡胶防水密封垫，黏结剂采用单组分氯丁橡胶黏结剂。同时，盾尾刷与基准环之间应填充盾尾油脂，并保证填充密实。

（8）负环管片接缝处采用三元乙丙橡胶密封垫＋泡沫止水条防水。泡沫止水条的作用是增加负环管片的隔水厚度，防止盾构油脂流失以及减少盾尾刷的磨损，其较遇水膨胀止水条更容易施工，可有效防止始发过程中渗漏水情况的发生。

（9）对各焊接部位进行渗透探伤或磁粉探伤，检验合格后才可进入下一步工序。

（10）安装负环时必须确保负环与套筒止水基准环之间贴合严密，方才进行同步注浆。拆除负环时应检查管片与掘进面之间是否注浆饱满，不得有渗漏水情况发生。

4.3.2　盾构自行整体过站技术

利用液压油缸伸缩的基本原理，将液压油缸焊接到盾体上，通过液压油缸完成盾构机整体抬升和顶推的循环施工，达到盾构机步履式行走整体过站的目的。施工过程中根据盾构机自身参数，计算出盾构机重心位置，确定出盾构机顶推千斤顶受力位置，将后配套台车支架加高，满足后配套台车过站高度要求，再利用盾构自身千斤顶油缸撑靴和过站托架焊接形成的反力支架，为盾构机自身行走提供顶推反力。利用液压油千斤顶进行"推（平推盾构机）—抬（抬升盾构机和接收架）—拖（拖动接收架）"的方法，使盾构机可完成整体平移的循环操作，以达到盾构机步履式行走整体过站的目的。

1. 施工工艺

（1）施工准备。

①确定抬升用的千斤顶支座的焊接位置，应尽量保证4组抬升千斤顶在盾体上的焊接位置距重心位置相等，以保证盾构机抬升时的平稳度。确定抬升千斤顶支座位置在前盾和中盾的中心位置，同时需考虑抬升千斤顶行程以及平移过程中托架和主体结构尺寸

对盾构机整体平移的影响,确定将抬升千斤顶支座焊接在前盾和中盾盾体外侧的4点位和8点位;根据便于施工的原则,将平推千斤顶焊接在托架的中心位置如图4.14所示。

图 4.14 千斤顶安装示意图

②根据车站底板距洞门的高度,利用钢支撑将后配套台车轨道架高。钢支撑采用20号工字钢制作,将其安装在台车行走轮与台车立柱之间,并使台车行走轮能落到车站底板轨道上。其中,电瓶车轨道间距为0.97 m,台车轨道间距为2.08 m,盾构机参数表见表4.2。

表 4.2　盾构机参数表

序号	名称	质量/t	外形尺寸/(mm×mm×mm)
1	刀盘	52	6 280×6 280×800
2	前盾	96	6 250×6 250×2 100
3	中盾	86	6 240×6 240×3 100
4	尾盾	28	6 230×6 230×3 630
5	管片拼装机	15	5 100×4 300×3 600
6	螺旋输送机	25	12 500×1 640×1 750

③清理螺旋输送机内的渣土;在盾体和接收托架上分别焊接垂直抬升千斤顶支座和水平推动千斤顶支座;利用型钢将盾构机5点和7点位置的油缸撑靴上与托架焊接牢固;在盾体外壳焊接防止盾体转动的限位钢板及用于提升托架的挂钩。

④准备200 t垂直抬升(抬升)千斤顶4台,100 t水平推动(平推)千斤顶2台。

(2)盾构自行过站。

①当盾构机平移过站时,使用的是盾构机自身携带的液压泵站,须将盾构机推进油缸上的油管安装到抬升千斤顶与平推千斤顶上,并利用换向阀将前盾上的2个抬升千斤顶、中盾上的2个抬升千斤顶及平推千斤顶进行分组,以维持平移过程中的油缸的伸长和回缩速度相同,确保整体平移的稳定性。

②利用平推千斤顶顶推托架,将盾构机和托架向底纵梁方向平移,直至盾构机完全

避开车站结构转角并留有足够的过站工作空间。

③利用焊接到盾体上的2个平推千斤顶和5点、7点位的油缸推动盾体,使盾体在托架上向前移动0.8 m。

④利用抬升千斤顶抬升盾体3～4 cm,使其脱离接收托架,同时利用焊接在两侧的提升托架挂钩提起托架,并收缩2个平推千斤顶和5点、7点位的油缸,拖动接收架向前平移0.8 m;回收抬升千斤顶油缸,使托架回落到地面,盾体回落至托架上,再次利用平推千斤顶和油缸顶推盾体在托架上缓慢前行,从而达到盾构机机械式自行移动的目的。盾构机移动过程中需不断利用千斤顶调整盾构机移动轴线,保证移动位置的准确性。

⑤当后配套台车前轮从洞口出来时,利用台车上安装的20号工字钢将台车轮子下移1 120 mm,同时台车轮子通过车站底板,顺延至轨道上,使后配套台车与盾构同步平移过站。

⑥重复"推(平推盾构机)—顶(抬升盾构机和接收架)—拖(拖动轨道和接收架)"的操作,直至将盾构机和接收架移动到距始发端头大约9 m处停下,并进行盾构机姿态及轴线调整。当盾构机姿态调整完成后,将盾体平移至洞门,准备进行盾构机二次始发。

2. 施工注意事项

①明确主体车站的结构转角影响盾构机平移的位置,根据平移时的需求,提前进行影响部位的凿除或在影响位置底板上加装顶推反力支座,以便提高工效。

②在区间贯通前,根据盾构机进洞段推进要求进行推进参数及姿态调整,确保盾体顺利上到接收架上。刀盘进站后,利用盾构机上的主推千斤顶,将盾体往前移动直至盾体完全处于接收架上。盾构机上接收架前需对接收架进行加固,保证盾构机上接收架过程中,接收架不发生滑动。

③需根据实际抬升千斤顶的油缸行程确定抬升支座的焊接位置,保证油缸的焊接位置能满足盾构机及接收架整体抬升3～4 cm的要求。需保证4个抬升千斤顶支座在盾壳上的焊接位置处于同一水平面上,在盾体外壳焊接防止盾体转动的限位钢板,避免抬升过程中发生倾斜,保证抬升过程的平稳。在盾构机外壳,焊接防止铰接活动的铁板,防止盾体滑动。利用20 mm钢板焊接在盾体上,与接收架连接成整体的连接板,连接板与接收架为间隙配合,减小了平移过程中的摩擦。

④盾构机平移时使用的千斤顶与盾构机上自带的液压站连接,连接时需对千斤顶进行分组,前盾上的2个抬升千斤顶为一组,中盾上的2个抬升千斤顶为一组,2个平推千斤顶为一组,分组既能保证抬升过程中的联动可控,又能保证盾体抬升的平稳。

⑤在盾构机平移过站过程中,需不断利用千斤顶进行盾构机平移轴线的调整,使盾构机完全避开前方车站结构转角并留有足够的过站工作空间。

⑥在盾构机整体平移过站过程中,须可进行盾构机检修工作,提高过站工效,缩短

施工工期。

⑦在盾构机整体平移过程中，为保证有效恢复盾构机性能，提高施工过程中设备运转可靠性，减少设备故障，提高使用效率，确保下一个盾构区间工程的顺利进行，需对盾构机进行维修保养。维修包括：刀具、盾体上的传感器及耐磨格栅的检查与维修，盾尾刷及止浆板的检查与维修，螺旋输送机、管片拼装机、皮带机的检查与维修，刀盘驱动系统、压缩空气系统、液压系统、水循环系统、电气系统、泡沫系统、注浆系统的检修和调试。

4.4 狭小空间盾构机拆解技术

博物馆站—工人文化宫站（简称博—工）区间沿国民街与中山路进行敷设，起讫里程为CK19+411.484~CK20+598.223，左线采用盾构法施工，区间总长为1 185.158 m；右线采用盾构法+矿山法进行施工，右线盾构法区间长为815.136 m，矿山法区间长为361.7 m；博物馆站位于哈尔滨市中心商业区，且为哈尔滨地铁1号线与2号线的换乘站，1号线博物馆站已开通运营，2号线博物馆站与松雷商厦合建，且已建成营业，致使博物馆站形成封闭空间。15#盾构左线由工人文化宫站始发，博物馆站到达接收，接收端头为既有1号线出入口，但端头井长度仅有5.2 m，正上方又附着10层砖混结构——汉庭酒店，盾构机无法吊出，在盾构到达博物馆站后，须拆解并在洞内运输至工人文化宫站吊出，重新组装进行二次始发。

4.4.1 盾构机拆解技术

盾构机在设计制造时，根据接收端头井的条件，运用三维数值模拟技术开展有针对性的设计，将盾体和刀盘进行模块化设计，其中刀盘由5块盾构块组成，盾体中的前盾、中盾、尾盾均由4块盾构块组成，见表4.3，盾体块之间采用高强螺栓连接，外表面进行焊接。在盾构掘进到达接收井后，通过盾构井中板预留的吊装孔，在中板环框梁上方安装盾构拆解、吊运工字钢桁架式轨道梁及电动葫芦，并在车站底板上铺设临时轨道，利用电动葫芦逐块拆解部件，将拆解的部件运送至临时轨道，通过卷扬机牵引至指定位置存放。在拆解时，先将刀盘推进到指定位置，再拆除螺旋输送机置于平板车上，用电瓶车牵引平板车将其运送至洞外；用电动葫芦吊住待拆解的刀盘块件，并用氧气、乙炔进行切割，先拆上周分块，后拆中间块，再拆下周分块；刀盘拆解完成后，利用盾构顶推油缸顶推前盾至指定位置，拼装第一环管片，拆除主驱动电机及减速机，将前盾与中盾分离，用氧气、乙炔切割原设计的焊缝，松开高强螺栓，依次拆除前盾4块；利用顶推油缸继续将中盾往前顶推至指定位置，拼装最后一环管片，并注浆封堵洞口，将中盾与尾盾分离，用氧焊切割原设计的焊缝，松开高强螺栓，依次拆除中盾4块；最后在尾盾内侧壁上焊接固定千斤顶，利用千斤顶将盾尾全部顶推出隧道，用氧气、乙炔切割原设计的焊缝，直至拆解完毕，将拆解下来的部件置于平板车上，用电瓶车逐块拖拉至始发井，并吊出洞外。拆解后配套设备时，首先断开后配套每节拖车之间的管线，然后利用电瓶车沿贯通区间拖运至盾构始发井并吊出洞外，最后施做隧道洞门环梁。

表 4.3　盾构模块化参数表

名称	重量 /t	规格 /mm	备注
刀盘	40	$\phi 6\,260 \times 1\,790$	不含回转接头
边块 1	6.5	$4\,400 \times 1\,750 \times 1\,200$	
边块 2	6.5	$4\,400 \times 1\,750 \times 1\,200$	
边块 3	6.5	$4\,400 \times 1\,750 \times 1\,200$	
边块 4	6.5	$4\,400 \times 1\,750 \times 1\,200$	
中间块	14	$\phi 3\,800 \times 1\,800$	
前盾	50	$\phi 6\,250 \times 2\,100$	不含主驱动
分块 1	13.5	$4\,800 \times 2\,100 \times 2\,100$	
分块 2	11.5	$4\,030 \times 1\,900 \times 2\,100$	
分块 3	13.5	$4\,800 \times 2\,100 \times 2\,100$	
分块 4	11.5	$4\,030 \times 1\,900 \times 2\,100$	
中盾	95	$\phi 6\,240 \times 2\,850$	含推进油缸
分块 1	13.5	$2\,390 \times 1\,020 \times 2\,580$	
分块 2	28	$5\,010 \times 2\,070 \times 2\,580$	
分块 3	25.5	$4\,600 \times 1\,820 \times 2\,580$	
分块 4	28	$5\,010 \times 2\,070 \times 2\,580$	
尾盾	31	$\phi 6\,230 \times 3\,380$	
分块 1	6	$3\,410 \times 600 \times 3\,380$	
分块 2	8	$4\,500 \times 960 \times 3\,380$	
分块 3	9	$5\,100 \times 1\,320 \times 3\,380$	
分块 4	8	$4\,500 \times 960 \times 3\,380$	
主驱动	25	$\phi 3\,230 \times 985$	拆除减速机及电机
人舱	6	$1\,800 \times 2\,600 \times 1\,600$	
管片拼装机	13	$\phi 3\,980 \times 2\,300$	
拼装机托梁	8	$5\,810 \times 2\,600 \times 2\,150$	

4.4.2　接收端头加固

根据接收端头井周边环境的复杂情况及工程地质、水文地质资料，采用大管棚加水平注浆加固方式进行加固，以确保上部结构、建筑物及地下管线的安全，减小地基沉降。

在洞门钢环周边埋设单排 $\phi 108$ mm@600 mm管棚，并在管棚内设置3根 $\phi 20$ mm的螺纹钢，管棚设计长为15 m，沿着隧道顶120°范围埋设，同时向管棚内注浆。接收端头加固方法及范围如图4.15所示。

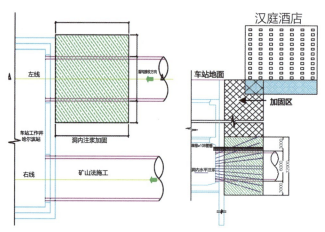

图 4.15 接收端头加固方法及范围

4.4.3 拆机工装设计

在拆解盾构机时，需在车站接收井吊装孔中板上架设拆机工装架，为保证安全，须对工装架进行强度和刚度验算。根据工况，利用Patran/Nastran软件对工装架边缘加载和中部加载进行有限元分析。

拆机电动葫芦的最大承载力为2.0×10^5 N，吊梁材料为I45b型工字钢。拆机工装架材料特性参数取值：弹性模量E=200 GPa，泊松比ν=0.3，密度ρ=7 800 kg/m³。

1. 边缘加载条件验算

工装架边缘加载时荷载示意图如图4.16所示。

图 4.16 工装架边缘加载时荷载示意图

计算得到的工装架边缘加载时的Mises应力场及竖向位移场如图4.17和图4.18所示。

图4.17表明，拆机工装架支腿位置有4处应力集中区域，最大应力为297 MPa，可以忽略。其中应力超过170 MPa的区域仅出现于支腿最大值附近。

图 4.17　工装架边缘加载时的 Mises 应力场（单位：MPa）

图4.18表明，最大位移为5.81 mm，出现于加载梁的中间位置。

图 4.18　工装架边缘加载时竖向的位移场（单位：mm）

分析结果表明，当工装架边缘加载时，已知Q235工字钢应力为175 MPa，大于170 MPa，因此选用I45b型工字钢作为吊梁材料可满足要求。

2. 中部加载条件验算

工装架中部加载时荷载示意图如图4.19所示。

图 4.19　工装架中部加载时荷载示意图

计算得到的工程架中部加载时的Mises应力场及竖向位移场如图4.20和图4.21所示。

图4.20表明，拆机工装架支腿位置有4处应力集中区域，最大应力为182 MPa，可以忽略。其中应力超过60 MPa的区域仅出现于支腿斜支撑附近。

图 4.20　工装架中部加载时的 Mises 应力场（单位：MPa）

图4.21表明，最大位移为3.82 mm，出现于中间跨梁的中间位置。

图 4.21　工装架中部加载时的竖向位移场（单位：mm）

分析结果表明，当工装架中部加载时，已知Q235工字钢许用应力为175 MPa，大于60 MPa，因此选用I45B型工字钢作为吊梁材料可满足要求。

4.4.4　盾构机洞内拆解施工工艺

由于盾构接收端头井的长度仅为5.2 m，不具备一次性盾构接收进洞的条件，须采用不完全接收、不弃壳拆解施工技术，具体如下。

1. 施工准备

（1）对盾构拆机工装进行有限元受力验算，并对车站接收井中板进行受力验算及对盾构尺寸进行复核。

（2）对现场管理人员与施工作业人员进行安全技术交底，同时对每道工序施工步序及操作要点进行安全培训，明确各工序的控制要点和注意事项。

(3)对中板上所安装的固定轨道梁使用探伤仪进行探伤试验。

(4)在盾构接收井清理后,安装接收架,再打设水平探孔,同时凿除洞门,最后安装门密封和铺设临时轨道。

(5)在盾构机到达前,将15环管片采用16 b槽钢在3点位和9点位位置拉紧并固定。

(6)做好地表管线和临近建筑物加密监测点的埋设并采集原始数据。

(7)在隧道内和接收井内,储备足够的应急物资和相应的小型机具。

(8)检查各种吊具、钢丝绳、导链的安全性能。

2. 双螺旋输送机拆解

(1)在凿除洞门后,盾构继续掘进,待前盾出洞约500 mm(前盾距离后端封堵墙台阶500 mm)时停止推进,盾构出洞位置示意图如图4.22所示。

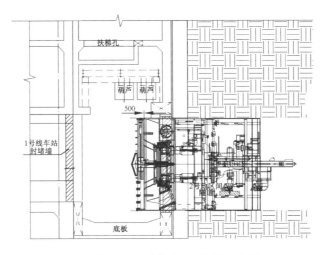

图 4.22 盾构出洞位置示意图

(2)双螺旋输送机包括二级螺旋机和一级螺旋机,使用4个电动葫芦将二级螺旋机固定,如图4.23所示。

(3)拆除连接桥上皮带机、二级螺旋机上锁具螺旋扣及一级螺旋机之间的连接螺栓,如图4.23所示。

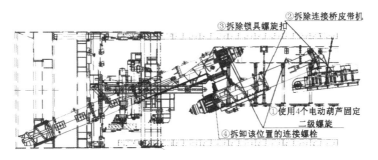

图 4.23 双螺旋输送机拆解示意图(一)

（4）将二级螺旋机下放至电瓶车上，并运出洞外，如图4.24所示。

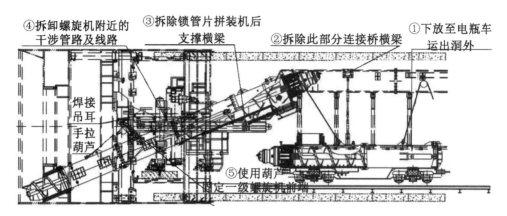

图 4.24　双螺旋输送机拆卸示意图（二）

（5）依次拆除连接桥上干涉横梁、锁管片拼装机后的支撑横梁、螺旋输送机附近的干涉管路及线路，如图4.24所示。

（6）在H架上焊接吊耳，固定一级螺旋机前端，如图4.24所示。

（7）制作拆机门架，并将拆机门架下部焊接至电瓶车上，将门架上部通过手拉葫芦固定于螺旋机后部，如图4.25所示。

（8）拆除固定装置上的连接销轴，如图4.25所示。

（9）通过电瓶车及电动葫芦的配合，缓慢抽出一级螺旋机，用拼装机辅助吊运。

（10）将一级螺旋机下放至电瓶车上，运出洞外，如图4.25所示。

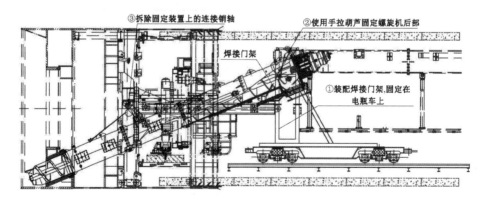

图 4.25　双螺旋输送机拆解示意图（三）

3. 刀盘分块拆解

在进行"破洞门"后，盾构机到达接收井。由于刀盘拆解后需要原地返回，为了便于刀盘拆解和运输，刀盘被设计为"4+1"分块形式，如图4.26所示。

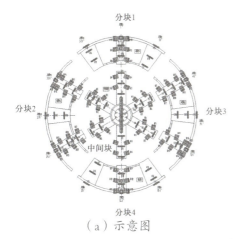

(a)示意图　　　　　　　　　　(b)实物图

图 4.26　刀盘分块图

刀盘拆解具体步骤如下。

（1）拆解刀盘之前，用专用工具拆除刀盘上回转接头及相关管路上需要拆卸的零部件，之后对裸露管路及接触面采取保护措施。泡沫喷嘴、磨损检测器、超挖油缸等零部件可不拆除，但需采取保护。

（2）拆解刀盘之前还需将前移轨道延伸至刀盘前端，并在轨道上铺设放置台（型钢拼焊而成）。

（3）刀盘旋转至分块1与分块4相对，分块2与分块3相对的位置，用槽钢或工字钢将刀盘固定在分块2和分块3上，并用高压清洗机清洗刀盘，除去刀盘表面岩渣等残留物。

（4）刨除各个分块刀盘吊装吊耳位置的耐磨板，铆焊各个分块及中间块的吊装吊耳，焊后需要保温，缓慢冷却12 h后才能起吊。

（5）用电动葫芦A和电动葫芦B同时吊住分块1，再用气刨按分块线分割出分块1，刨除过程中严格控制分块1的吊装位置，禁止分块1在刨除过程中晃动。分块1刨除之后，用电动葫芦A和电动葫芦B吊运分块1至放置台上，再用夹轨器将放置台拉至车站前端暂存，至此完成了分块1的拆解。

①按步骤（5）内容，拆解刀盘分块2。

②用电动葫芦A和电动葫芦B同时吊住中间块，再用液压扳手拆除主驱动与刀盘的连接螺栓，拆除过程中严格控制中间块的吊装稳定性，禁止中间块晃动。螺栓拆除之后，用气刨按中间块分块线分割出中间块，再用电动葫芦A和电动葫芦B吊下中间块，最后用电动葫芦E和电动葫芦F将其吊运至车站前端暂存，从而完成了中间块的拆解。

③按步骤（5）的内容，依次拆解分块3和分块4，从而完成了刀盘的拆解。

④整理现场工具和材料，继续进行下一部件的拆解。

4. 前盾分块拆解和主驱动拆解

（1）拆除部分轨道，推进油缸往前空推一环，即中盾距离后端封堵墙100 mm，每空推一环拼装一环管片，同时进行同步注浆作业，如图4.27所示。

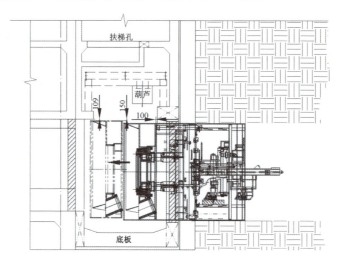

图 4.27　前盾推出位置示意图

（2）将主驱动齿轮油、减速机齿轮油、减速机冷却水、电机冷却水排放干净。

（3）拆除主驱动电缆、油脂润滑管路、冷却水管路等各连接管线。

（4）依次拆除主驱动电机、减速机，并运送到车站前端妥善存放。注意在拆除时保持各连接端口清洁，用盖板封好端口，防止杂物进入。

（5）拆解人舱与前盾的连接螺栓，并将人舱固定在中盾上。

（6）拆解前盾与中盾的连接螺栓，并使用4个100 t千斤顶使前盾与中盾分离。

（7）使用电动葫芦A和电动葫芦B拆除前盾分块1，拆解前需在前盾分块2、3外侧增加支撑，再用电动葫芦A和电动葫芦B吊运前盾分块1至放置台上，最后用夹轨器将放置台拉至车站前端暂存，从而完成了前盾分块1的拆解，如图4.28所示。

（8）采用同一方法使用电动葫芦拆解前盾分块2和前盾分块4，并向掘进方向移动。

（9）使用电动葫芦A和电动葫芦B拆解主驱动和前盾分块3，并向掘进方向移动。

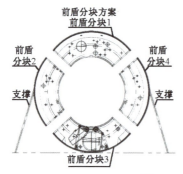 

图 4.28　前盾分块拆解示意图

5. 空推停止

推进油缸往前空推2环，即中盾距离后端封堵墙3 000 mm，此时盾构机处于最终停止推进状态，在此过程中，每空推一环拼装一环管片，同时进行同步注浆作业，如图4.29所示。

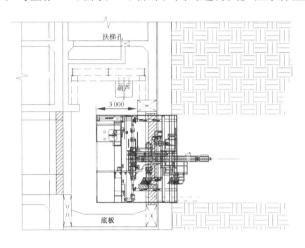

图 4.29　中盾推出位置示意图

6. 后配套拆解

（1）拆除连接桥及1~6号拖车顶部的皮带输送机、通风管、风机、风筒起吊架，再使用电瓶车将其驮运至始发井，并吊出洞外。

（2）拆除连接桥及1~6号拖车拉杆、连接销，拆除各拖车之间水、气、液压等管路，并对接头做好保护措施。

（3）使用电瓶车将平板车送至6号拖车框架中间位置，再用4个20 t千斤顶将拖车顶起，并将H型钢放到平板车上，然后缓缓卸下千斤顶，使拖车平稳地降置于平板车上，最后用电瓶车牵引平板车驮运6号拖车至始发井处并吊出洞外。

（4）按照上述方法依次将5号拖车、4号拖车、3号拖车、2号拖车、1号拖车拖运至隧道外。可根据电瓶车编组、运载能力及各后配套拖车重量，合理安排每次运输拖车的数量。

（5）拆除连接桥和主机之间所有管线的固定装置，拆下连接桥与拼装机连接的拖拉油缸销轴。

（6）在安装连接桥固定工装后，拆除连接桥，如图4.30所示。

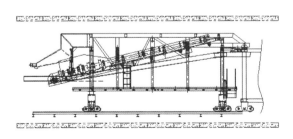

图 4.30　连接桥拆解示意图

7. 管片拼装机和人舱拆解

（1）管片拼装机拆解。

①在拆机前，管片拼装机须旋转180°，使抓取头位于12点位置，并将其固定，再拆除工作平台、管路支架(包括内部拖链油管等)及拼装机大吊耳，如图4.31所示。

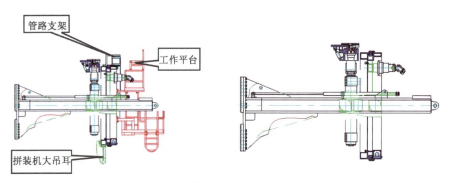

图 4.31 管片拼装机拆解示意图

②安装拆机支架，拆除管片拼装机。其中，管片拼装机总重为24 t，吊装过程中要确保安全。拆除前，须将轨道铺设至所需位置，并将管片机拆机支架安装好，同时将拼装机固定牢固，再使用手拉葫芦对管片机进行预拉紧，方便后续拆除螺栓。之后可以拆除螺栓及手动葫芦，用电瓶车牵引平板车运输管片拼装机至始发井，并吊出洞外，如图4.32所示。

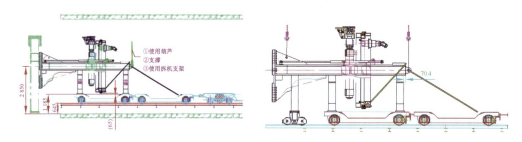

图 4.32 管片拼装机拆解支架安装示意图

（2）人舱拆解。

使用手拉葫芦将人舱起吊，并将人舱放置在平板车上，再运出洞外。

8. 中盾拆解

（1）拆除中盾内楼梯平台（拆除过程中需在中盾内增加临时吊点）。拆除时，注意保护平台上的各电气液压元器件免受损伤。

（2）在拆除H架的工程中，需在H架上增加吊耳。

（3）通过吊耳将H架吊起并运输，拆除中盾分块1前，需在中盾分块2、4外侧增加钢支撑，然后依次拆除2、4、3号中盾分块。将分块放置在平板车上，再用电瓶车牵引平板车拖拉至始发井,将其吊出洞外,如图4.33所示。

9. 前盾、主驱动及刀盘吊运

(1)将前盾分块通过夹轨器移至吊装井口,通过电动葫芦转运至平板车上,用电瓶车牵引平板车逐块驮运至始发井,并吊出洞外。

(2)采用同样方法将主驱动吊上平板车,并用工字钢支撑稳固,再用电瓶车牵引平板车逐块驮运至始发井,并吊出洞外,如图4.34所示。

(3)采用同样方法将刀盘分块吊上平板车,再用电瓶车牵引平板车逐块驮运至始发井,并吊出洞外。

10. 盾尾拆解

中盾拆解完成后,盾尾尚留1 480 mm在隧道内,如图4.35所示。需要在盾尾顶部外侧焊接千斤顶支座,并安装1台250 t千斤顶;

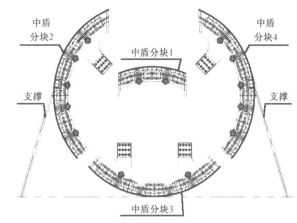

图 4.33 中盾分块及拆解示意图

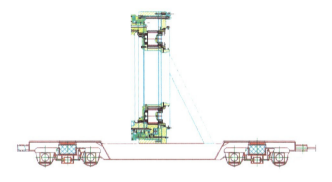

图 4.34 主驱动支撑稳固示意图

在尾盾内侧壁上安装1台360 t千斤顶。然后,利用千斤顶脱困的方法同步顶推盾尾,直至将盾尾全部顶推出隧道。在此过程中,一边顶推,一边注浆,并及时回填建筑空隙。盾尾全部脱出后,用氧焊切割原设计的焊缝,完成拆解。随后,用电瓶车将拆解下来的部件吊上平板车,逐块拖拉至始发井,并将其吊出洞外。

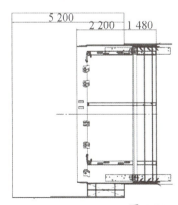

图 4.35 盾尾脱出前位置示意图

4.5 本章小结

本章重点阐述了在特殊工况条件下的盾构侧向平移、纵向平移、水平旋转及滑移钢套筒整体过站和自行过站二次始发、盾构密闭车站内完成调头二次始发、狭小空间盾构机拆解等施工方法和工艺细节。

（1）由于暗挖车站风道内断面尺寸长度不足，盾构无法一次完成接收，需分两次接收。首次接收完成刀盘和前盾分离，二次接收完成中盾和盾尾进洞。接收托架采用分节设计，托架分节长度与刀盘和前盾、中盾、盾尾长度基本一致。刀盘前盾分离后，侧向平移至竖井口水平旋转90°，以满足竖井尺寸要求，分离前盾和刀盘，分别将刀盘、前盾吊出井外。同理，平移旋转拆解中盾和盾尾。

（2）在密闭车站内调头二次始发另一条线，一般选择在盾构端头井进行盾体调头。后配套台车调头需要空间大，难度较大，须在车站中部预留后配套台车调头条件，如有可能，可选择下一个区间作为辅助出渣运输通道。其具体操作为：在端头井内通过平移旋转180°，使盾体到达二次始发位置，并安装反力架，连接后配套台车等进行二次始发。

（3）利用千斤顶将钢套筒和盾体整体抬升上P43钢轨，然后在轨腰上钻孔并安装反力支座。通过千斤顶的顶推，实现钢套筒的横向移动和纵向移动，从而整体滑移钢套筒过站。实施前，要预留足够高度，以使车站净空满足钢套筒外形尺寸。采用滑移钢套筒盾构机整体过站二次始发方案，无须大型吊装设备，操作简单，节省二次始发钢套筒和盾构机重新组装时间，极大地缩短了工期。与常规二次始发相比，时间节约为10 d/次。

（4）在接收托架两侧安装2台纵向顶推油缸和4台垂直抬升千斤顶，将5点位、7点位的油缸撑靴通过型钢加固与托架焊接牢固，连接盾构自身油泵，实施盾构同步抬升、回落和同步顶推前行。在千斤顶抬升盾体时，通过油缸回收拖动接收架前进。收回油缸，使盾体回落至接收架上。启动两侧纵向千斤顶油缸，推动盾体在接收架上前行。后配套台车接收架在轨道上同步前进。如此反复循环，使盾构机自行至二次始发位置。然后安装始发反力架，进行二次始发。

（5）对盾体进行模块化设计，将刀盘分为（4+1）块，即边缘4块、中间1块，前盾、中盾和盾尾各4块。各分块尺寸和重量均符合吊装条件和结构尺寸要求。在中板风道口环框梁上安装拆机工装，然后用电动葫芦将盾体各部件逐一拆除。

（6）由于接收端头井长度仅为5.2 m，不满足盾构一次性接收进洞条件，需要分次接收、分次拆解。同时，要强化同步注浆和二次注浆，设计特殊结构管片，以确保分次接收、分次拆机的安全。首先，顶推刀盘和前盾进洞，满足刀盘拆解要求。拆除刀盘的5块后，继续顶推前盾进洞，满足前盾拆解要求。拆除前盾4块和主驱动。同理，拆除中盾。中盾拆除后，在没有自身动力前提下，盾尾尚有1 480 mm在隧道内。通过在盾尾上加千斤顶的方式，将盾尾顶推出隧道。

第5章 复杂环境盾构掘进技术

哈尔滨地铁2号线一期工程区间盾构下穿松花江后，沿经纬街、哈尔滨站站场、颐园街和国民街等穿越了大量的历史建筑群，施工难度大，不可预见因素多，沉降控制标准要求高。通过对盾构选型、盾构掘进参数控制及自动化监测控制等问题的研究，该工程顺利连续穿越了历史建筑物群。

（1）人民广场站—中央大街站（简称人—中）区间左线长为759.45 m，右线长701.587 m，隧道埋深为10.9~17.9 m。区间侧穿26栋建筑物，侧穿建筑物基础底部距离隧道顶部最小处为6.4 m，最大处为13.0 m；侧穿建筑物距离隧道外边线的水平距离最小处为3.1 m，最大处为17.6 m。区间内的道里文化体育局是市文物保护建筑，犹太人列尔曼住宅旧址是省文物保护建筑。

（2）中央大街站—尚志大街站（简称中—尚）区间长为719.987 m，隧道埋深为11.0~18.2 m。区间侧穿26栋建筑物，侧穿建筑物基础底部距离隧道顶部最小处为5.34 m，最大处为15.2 m；侧穿建筑物距离隧道外边线的水平距离最小处为3.4 m，最大处为17.1 m。区间内的犹太新会堂、哈尔滨一等邮局、六桂福珠宝展览馆、波兰医生扎瓦茨基住宅旧址分别为省、市级历史文物保护建筑。人—中、中—尚两区间有历史保护建筑物6栋、商业办公楼20栋、住宅楼24栋、危房2栋。

（3）尚志大街站—哈尔滨站站（简称尚—哈）区间长为652 m，隧道埋深为10.3~17.8 m。区间下穿14栋建筑物，其中正穿11栋，侧穿3栋。同时下穿哈尔滨站咽喉区16股道。正穿建筑物基础底部距离隧道顶部最小处为7.3 m，最大处为17.3 m；侧穿建筑物距离隧道外边线的水平距离最小处为0.8 m，最大处为2.5 m；铁路咽喉区隧道最小埋深为12 m。

（4）哈尔滨站站—博物馆站区间长为589m，隧道埋深为9.5~12.8 m。区间下穿21栋建筑，其中正穿1栋，侧穿20栋。正穿建筑物基础底部距离隧道顶部为12.6 m；侧穿建筑物距离隧道外边线的水平距离最小处为0.6 m，最大处为22 m。区间侧穿两处国家级文物保护建筑，分别为斯基德尔斯基故居和革命领袖视察黑龙江纪念馆。

（5）博物馆站—工人文化宫站区间左线长为1 182 m，右线长为826 m，隧道埋深为7.3~19.2 m。区间下穿37栋建筑，其中正穿12栋，侧穿25栋。正穿建筑物基础底部距离隧道顶部最小处为5.5 m，最大处为12.2 m；侧穿建筑物距离隧道外边线的水平距离最小处为0.4 m，最大处为16.7 m；尚—哈、哈—博、博—工三个区间总共穿越建筑物73栋，其中下穿建筑物24栋，侧穿建筑物48栋，下穿铁路站场1处；所穿越建筑物按其功能划分，包括历史保护建筑2栋、商业办公楼30栋、住宅楼28栋、厂房12座。

以上区间的建筑物基础主要以毛石基础和筏板基础为主，房屋结构形式主要以砖混结构为主。盾构机在超厚富水砂层掘进过程中对建筑物有较大影响，存在较大的安全风险。在盾构穿越建筑物时，为防止其地基基础产生不均匀沉降变形，通过对盾构机进行选型，采用自动化监测三维成像等先进监控量测控制手段，配合同步注浆及二次注浆等加固措施，以及出土量与土压力、渣土改良等盾构施工参数控制手段，以确保沉降值达到规定控制标准。

5.1 软土刀盘穿越建筑物群桩

哈尔滨地铁2号线博—工区间盾构于SK20+124.62～SK20+158.52 m下穿博苑中山幼儿园。该幼儿园地下基础为ϕ400 mm钻孔灌注桩，桩长12.6 m，混凝土标号C25，配主筋5根ϕ14 mm钢筋和箍筋ϕ10 mm@200 mm钢筋。围护桩桩径为600 mm，主筋为ϕ22 mm钢筋。盾构区间左线穿越26根钻孔灌注桩和16根围护桩，右线穿越31根钻孔灌注桩和7根围护桩。博苑中山幼儿园房屋形式为地上两层、地下一层（局部地下二层）结构，基础形式为桩基础。车库顶板上表面标高为0 m，地下一层标高为–5.8 m（相对标高），局部地下二层标高为–9.7 m，负一层底板厚300 mm（防水底板），负二层底板厚400 mm（防水底板）。负一层桩基承台底标高为–7.2 m，承台厚1.2 m；负二层桩基承台底标高为–11.1 m，承台厚1.2 m。根据结构跨度，存在3桩承台、4桩承台、5桩承台、6桩承台、7桩承台，桩基为局部配筋。盾构区间与地下结构相对位置关系平面图如图5.1所示。

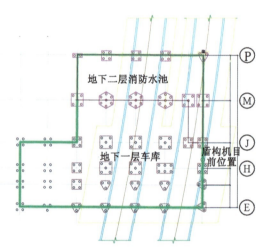

图 5.1　盾构区间与地下结构相对位置关系平面图

5.1.1　基础沉降计算分析

对于房屋基础的计算，涉及原有沉降量及截断桩基后的沉降量，并将计算结果进行对比，以核算差异沉降及绝对沉降量是否满足相关要求。如不满足要求，需对基础底部土体进行加固。同时，给出核算需要的加固范围、加固体强度，以及加固后满足要求的基础沉降与差异沉降量。

根据《建筑地基基础设计规范》（GB 50007—2011），计算地基变形时，地基内的应力分布采用各向同性均质线性变形体理论；根据上部荷载，利用PKPM整体建模，计算结构承台上各立柱竖向荷载；根据相关公式及地层物理力学参数计算不同类型的独立承台基础沉降量，以及需要的持力层承载力特征值，同时给出合理的加固体强度。以5桩承台为例，计算在切桩加固与不加固情况下的沉降量。

根据《建筑地基基础设计规范》（GB 50007—2011）中公式计算，可得

$$s = \psi_s \sum_{i=1}^{n} \frac{p_0(z_i \bar{\alpha}_i - z_{i-1} \bar{\alpha}_{i-1})}{E_{si}} \quad (5.1)$$

1. 切桩不加固

盾构穿越土层压缩模量与平均应力参数表见表5.1。

表 5.1　盾构穿越土层压缩模量与平均应力参数表

层号	土类名称	层厚/m	层底标高/m	压缩模量/MPa	压缩量/mm	应力面积/(kN·m⁻²)	平均应力/kN
1	中砂	5.860	−17.060	14.160	53.273	786.693	134.248
2	粗砂	0.740	−17.800	13.360	1.223	16.343	22.085

沉降计算点(x=0.000 m, y=0.000 m)各层土的压缩情况：

计算点(x,y) / m	固结 / mm	最终沉降 / mm
角点1(−1.250，−1.250)	23.633	23.633
角点2(1.250，−1.250)	23.633	23.633
角点3(1.250，1.250)	23.633	23.633
角点4(−1.250，1.250)	23.633	23.633
中点5(0.000，0.000)	54.496	54.496

2. 切桩加固

各土层重度及压缩模量数值表见表5.2。

表 5.2　各土层重度及压缩模量数值表

层号	土类名称	层厚/m	层底标高/m	重度/(kN·m⁻³)	饱和重度/(kN·m⁻³)	压缩模量/MPa
1	填土	2.46	−2.46	16.00	—	0.00
2	黏性土	4.00	−6.46	19.00	—	3.54
3	黏性土	4.00	−10.46	20.00	—	5.18
4	中砂	1.00	−11.46	20.00	—	23.50
5	中砂	1.00	−12.46	20.00	—	23.50
6	中砂	1.00	−13.46	20.00	—	23.50
7	中砂	1.00	−14.46	20.00	—	23.50
8	中砂	1.00	−15.46	20.00	20.00	23.50
9	中砂	1.60	−17.06	—	20.00	14.16
10	粗砂	4.80	−21.86	—	21.00	13.36
11	中砂	13.00	−34.86	—	21.00	16.80

根据《建筑地基基础设计规范》（GB 50007—2011）中公式计算，可得

计算点(x,y)/m	固结/mm	最终沉降/mm
角点1(−1.250，−1.250)	17.586	17.586
角点2(1.250，−1.250)	17.586	17.586
角点3(1.250，1.250)	17.586	17.586
角点4(−1.250，1.250)	17.586	17.586

经计算对比，切桩后不进行地基加固时，地基沉降量最大达到54.496 mm；通过注浆加固后，最大沉降量为17.586 mm，有效改良了地基，极大提高了地基承载能力，满足了设计要求。

5.1.2 地基加固措施

根据现有计算，如果不对地上二层房屋进行处理，将桩基改为独立基础，地下结构主要存在问题：①独立基础下地基承载力不满足要求；②房屋的不均匀沉降不满足要求。

根据现场情况，无法采用地面加固措施。原有管片设计中，下穿建筑物每环管片额外增加了10个直径70 mm的注浆预留孔（即每环管片共有16个注浆孔）。在注浆时，主要采用洞内注浆的加固方式，对为隧道外径以外3 m范围内地层进行注浆加固。

5.1.3 刀盘切桩应力分析

基于地质资料进行了针对性设计的刀盘，其开挖直径为6 260 mm，刀盘大圆环外径为6 210 mm。刀盘钢结构采用的材料为Q345C，按承载能力极限状态计算的钢结构，可变荷载的安全系数：$\gamma=0.9\times1.4=1.26$；钢结构的结构重要性系数：$\gamma_0=0.95$。运用三维有限元建立模型，对结构受力强度进行分析以确定其是否满足要求。

1. 荷载施加

刀盘推力：$T=39\ 914$ kN；刀盘扭矩：$M=8\ 760$ kN/m。荷载施加示意图如图5.2所示，刀盘上的推力施加在面板及辐条上，同时刀盘外圈施加扭矩，法兰上加约束。

2. 计算结果

计算得到的刀盘Mises应力分布如图5.3所示，刀盘总变形场如图5.4所示。

从上面分析结果得出，刀盘最大应力为195 MPa，位置在弧形筋板与辐条焊接处。其屈服强度许用应力不小于254 MPa，其值大于195 MPa，使刀盘结构强度满足设计要求。

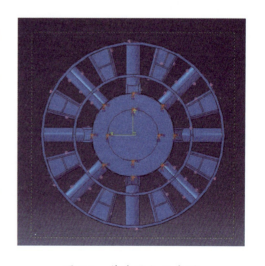

图 5.2 荷载施加示意图

第5章 复杂环境盾构掘进技术

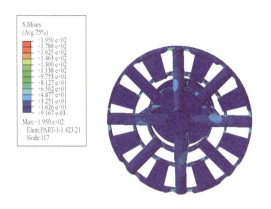

图 5.3　刀盘 Mises 应力分布（单位：MPa）

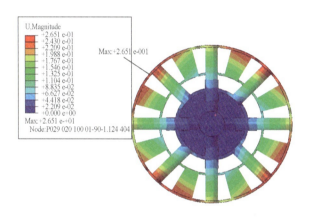

图 5.4　刀盘总变形场（单位：mm）

5.1.4　切割群桩施工

1. 施工准备

（1）施工前对沿线盾构施工影响范围内的建筑物群桩进行全面的调查，收集相关资料，列出需重点保护的对象名称及反映其所处里程、地面位置、类型、结构形式、基础类型等详细参数的清单。

（2）针对穿越建筑物群桩的特殊情况，制定专项施工措施，并进行专项试验，确定初始掘进参数。通过同步注浆及二次跟踪补充注浆，结合实时监测结果调整试验数据得到最佳参数，以达到减少超挖、减少土体扰动的目的。

（3）在盾构机穿越建筑物群桩前30 m，对所有施工设备进行检修，并把维保工作做到位，确保盾构机在穿越建筑物群桩时保持低故障率、良好性能，从而实现连续的通过。

（4）施工前，清空渣土坑中的所有渣土，以保证施工期间盾构渣土外运的畅通无阻。这样做的目的是防止施工期间因土方外运受阻停机风险。

（5）提前进行建筑物上及周围监控点的布设，并取得初始值。

（6）针对盾构穿越建筑物可能出现的应急情况，应准备充足的应急物资，并成立盾构施工应急抢险队伍及地面加固施工队，确保工程发生险情后能在第一时间进行抢险救治，确保建筑物的安全。

（7）穿越建筑物群桩前进行全体人员技术和安全培训，做好书面技术和安全交底。

2. 切桩前盾构机调试

切桩前对设备进行全面检测，重点对螺旋机系统、渣土改良系统、同步注浆系统、二次注浆设备、控制电路及液压系统、电瓶车刹车及电路进行检测，确保各系统状况良好。经调试确保盾构机各系统、线路、管路等处于良好的工作状态，尤其注意泡沫系统和同步注浆系统的通畅，以及土压传感器能否准确显示土压值。

立即更换损坏的部件，及时排除存在故障隐患的部位，并给各个润滑部位及时加注润滑脂或润滑油。尤其是对注浆管路进行清洗疏通，避免输送管在盾构穿越建筑物群桩时堵塞，导致浆液供应中断，从而造成盾构机停机现象的发生。

3. 盾构机掘进参数控制

（1）出土量的控制：每环理论出土量预设为37.15 m^3（哈尔滨地区粉砂、中砂、粉质黏性土的松散系数1.1~1.2），为了控制出土量，每环实际出土量不大于44.5 m^3。如发现超挖迹象，应立即停止出土并反馈地面监控室，技术人员进行原因分析，制定切实可行的控制措施，及时对超挖部分填充注浆。技术人员进行的控制措施如下。

①盾构操作手：根据每环理论出土体积计算理论进尺长度，通过理论进尺长度与实际进尺长度的比较，控制出土量。

②渣土管理员：根据每环理论出土体积与实际出土体积的比较，控制出土量。

③龙门吊司机：根据每环理论出土重量与每环实际出土重量的比较，控制出土量。

（2）土仓压力控制：盾构在穿越建筑物群桩过程中，采用土压平衡模式掘进，土仓压力设置为1 bar左右。在盾构停机拼装管片期间，安排专人监控土仓压力，当土仓压力损失值接近0.1 bar时，及时进行增压。

（3）贯入度控制：切桩过程中贯入度设置为2~3 mm，采用摩擦桩体方式缓慢推进，避免桩体磕碰刀具，增加刀具磨损或损坏刀座。

（4）刀盘扭矩控制：切桩过程中控制刀盘扭矩不大于3 500 kN·m。

（5）推力控制：切桩过程中，盾构总推力控制为18 000~23 000 kN。

（6）掘进速度控制：切桩过程中，掘进速度不大于10 mm/min。

（7）渣土改良：采用优质泡沫改良土体，确保地层不失水、出土顺畅。

（8）控制注浆：采取同步注浆和二次注浆相结合的注浆方式对管片壁后的建筑间隙进行及时填充，防止沉降。

①同步注浆：每环理论注浆量预设为3.24 m³，下穿建筑物时系数取1.5~2，注浆方量4.86~6.48 m³/环。

注浆压力控制在3~3.5 bar左右。根据监测数据实时调整注浆量、注浆压力，在控制沉降的同时，避免地面隆起。

优化浆液配比，通过调整胶凝材料掺量来调整浆液稠度（稠度为11~13 s），缩短浆液凝结时间（3~4 h），确保地层的稳定性，控制沉降。

②二次注浆：在盾构下穿建筑物时，及时跟进二次注浆（管片脱出盾尾5环后二次注浆）。根据监测数据及管片开孔的检查情况，动态调整注浆量、注浆压力及注浆材料。二次注浆采用体积比1∶1的双液浆。

4. 刀盘切桩

利用尖刃贝壳刀长时间磨切钢筋混凝土桩基，刀盘刀具设计时充分考虑切割桩基的工况，既要保证刀具能有效地切削钢筋和混凝土，具有一定的强度、刚度和较高的耐磨性，又要控制减少切桩后的沉降量。15#盾构机刀盘比常规刀盘直径小20 mm，为φ6 260 mm，刀具采用高低错位布置，尖刃贝壳刀比切刀高40 mm，以确保刀具可有效切割桩基。

（1）放慢推进速度。推进速度在距离桩基约10 m时控制在10~20 mm/min(主要是防止桩基位移)；当盾构距离桩约2 m时，推进速度控制在5~10 mm/min；在磨桩基的过程中，推进速度控制在5 mm/min以内。

（2）同步注浆控制。在磨越桩基的施工段，须加强同步注浆管理，以提高地面建筑物和隧道的前期、后期稳定性。根据地面、建筑物沉降变形情况，拟定每环的注浆量为建筑空隙的150%~200%，即每推进一环同步注浆量为4.5~6 m³，注浆压力应控制在0.3 MPa左右。同时地层加固注浆也应及时进行，以达到有效控制沉降的目的。

（3）盾构姿态控制。在确保盾构正面沉降控制良好的情况下，使盾构均衡匀速施工。盾构姿态变化不可过大，每环检查管片的超前量，隧道轴线和折角变化不能超过0.4%。推进时不快速纠偏、不大幅度纠偏，注意观察管片与盾壳的间隙，相对区域油压随出土箱数和千斤顶行程逐渐变化，采用稳坡法、缓坡法推进，以减少盾构施工对地层的扰动。图5.5所示为切桩后刀盘上缠绕钢筋。

图 5.5 切桩后刀盘上缠绕钢筋

（4）刀盘正面土体改良。盾构推进需切削钢筋混凝土，为确保盾构正常出土，必要时可在盾构的刀盘正面压注膨润土或泡沫剂来改善开挖面土体的和易性，从而降低刀盘扭矩，保证盾构穿越时有均衡的推进速度。同时改良土仓内土体，降低刀具切削时的温度，有助于桩体碎块从螺旋机内顺利排出。加膨润土或泡沫剂时，必须严格控制量和压力，避免土体在过多膨润土或泡沫剂量以及较高的压力下形成定向贯通的介质裂缝，从而造成渗水通道的形成，严重影响隧道的安全状况。

5. 土体加固

隧道采用特殊管片（包括连接块、标准块，每块增加2个注浆孔，每环共计增加8个注浆孔，如图5.6所示），通过预留管片注浆孔、吊装孔对周围土体注浆加固。

盾构机下穿建筑物时按设计注浆加固范围，采用特殊管片注浆孔及吊装孔对隧道周边地层及桩基承台注双液浆加固，使隧道周围土体快速达到强度，以满足建筑物的地基承载力的要求，并起到止水效果。浆液为水泥、水玻璃双浆液，双液注入体积比为1∶1，注浆压力为0.3~0.5 MPa。

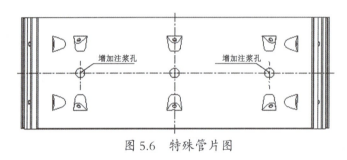

图5.6 特殊管片图

6. 管片加固结构补强

由于盾构切削了建筑物桩基，使得建筑物地基的承载力大大减弱，荷载将通过承台传递至盾构隧道顶部，致使盾构隧道外部荷载加大，在混凝土管片内侧镶20 mm厚钢板做内衬进行加强。

5.1.5 监控量测

盾构穿越桩基时，隧道轴线控制仍然是质量控制的重点，因此对隧道轴线的量测必须严格控制。

盾构穿越桩基时，刀盘将切削钢筋混凝土，导致刀盘正面受力不均，容易引起盾构推进轴线的偏差。因此，必须严格执行每环量测的施工步骤。同时根据实际穿越桩基情况，提高盾构姿态量测频率，从而根据量测资料有效制定相应措施，确保盾构轴线与设计轴线相符。

盾构机切削桩基时，项目监测人员对建筑物实施24 h监测，监测频率调整为每2 h 1次，并及时分析监测数据，根据监测情况指导盾构机掘进参数的调整。同时，派遣专人对建筑物外观及周边地表进行不间断的巡视，发现问题及时反馈、处理。

1. 监控量测点布置

博苑中山幼儿园建筑物监测点布置图如图5.7所示。

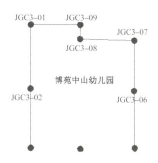

图 5.7　博苑中山幼儿园建筑物监测点布置图

2. 沉降监测数据分析

从图5.8中的监测数据可以看出，盾构机正穿建筑物过程中，监测数据没有出现较大波动，建筑物整体变形较为稳定。盾构机通过后，监测数据趋于平稳，最大变形点为JGC3-04，变形量为5.49 mm，小于设计要求的±20 mm。

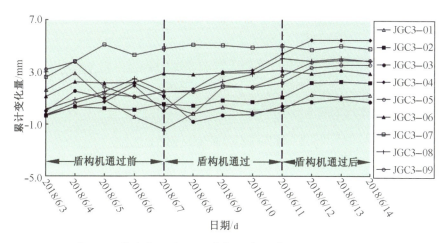

图 5.8　博苑中山幼儿园盾构下穿沉降变化时程曲线图

5.1.6　刀具检查与换刀

盾构机穿越建筑物群桩后，在预定换刀里程对盾构机刀盘、刀具进行检查，磨损严重的刀具要进行换刀，常规换刀方式有两种，分别为常压开仓换刀和加压开仓换刀。在条件允许的情况下，尽量采用常压开仓换刀方式，此方式更安全、更可靠。

1. 刀具磨耗程度更换标准

刀具磨耗程度更换标准：一般情况下，中心刀具合金块脱落不超过1/3、均匀磨损量不大于20 mm；辐条两侧的切刀均匀磨损量不大于25 mm；保护刀盘的保径刀崩齿、合金块脱落不超过1/3、均匀磨损不大于10 mm。

2. 换刀停机位置加固

选择检查刀盘、刀具的位置非常重要，尽量选择在周边环境简单，无建筑物和地下管线，以及地质条件相对有利于加固的开阔地段。

（1）盾构换刀点采用ϕ800 mm@600 mm三管旋喷桩进行双液注浆加固，加固范围包括沿线路方向的6 m、隧道底部的3 m，隧道两侧各3 m。

（2）旋喷桩加固完成后的土体应有很好的均质性、自立性，加固后土体的强度应达到1.0 MPa，渗透系数小于1.0×10^{-6} cm/s。

3. 检查及更换刀具前的准备工作

（1）对换刀的操作人员进行换刀前的技术交底，对换刀的操作程序和安全事项等进行详细的交底。

（2）对盾构机各系统进行检查，保证其功能完好。

（3）在盾构机停机前，在土仓注入满仓膨润土，膨润土稠度控制在40 s，或停机前保证土仓满仓，防止地面加固时双液浆进入土仓包围盾构机。

（4）待加固体强度达到要求后，盾构机继续推进，待刀盘进入加固体2.5 m处停机，停机后在盾构机中盾、盾尾等进浆孔注入膨润土，防止盾构机后方地下水通过施工间隙进入土仓。

（5）在加固体范围内，为进行检查工作刀盘前端采用人工开挖竖井。竖井直径为ϕ2 000 mm，开挖至中心刀具下50 cm。在开挖过程中，始终保持对竖井内的通风作业，并检查竖井内有害的气体浓度，防止超标。

（6）清理刀盘、刀具上的泥土，检查测量刀具的磨耗程度，并做好记录。准备好需更换的刀具及其附件，如螺栓、锁块等。

（7）准备好照明灯具、小型通风机、风镐、潜水泵、风动扳手、葫芦、木板、安全带等材料、工具及电焊机等机料具。

（8）确保人舱、土舱、操作室、地面监控室的通信畅通。

（9）对可能发生的突发事件做好充分的估计及应对措施。

4. 做止水环箍

在盾尾后5环的位置做止水环箍。盾构机将要抵达换刀位置前的掘进采用慢速推进，掘进速度控制在20 mm/min以内，刀盘转速控制为1.0 r/min，以减小盾构机对隧道工作面土体的扰动。采用凝固时间短的浆液进行同步注浆，并利用管片吊装螺栓孔对盾尾后5环

（即连接桥附近）的成形隧道进行二次补注双液浆，以封堵盾壳后部的来水，并增加盾尾附近成形隧道的稳定性。

5.2 盾构近接矿山法隧道同期施工

哈尔滨地铁2号线一期工程博—工区间沿国民街与中山路进行敷设，起讫里程CK19+318.24~CK20+498.06，左线采用盾构法施工，区间总长1 182.815 m；右线采用矿山法+盾构法结合施工，其中矿山法隧道长度约371 m，矿山法与盾构法结合部设一处盾构吊出竖井，矿山法隧道与盾构法隧道线间净距最小为3.65 m。

在哈尔滨地铁2号线一期工程博—工区间施工中，由于盾构隧道左线从工人文化宫站始发，右线的矿山法隧道因施工工期较长，盾构掘进完成740 m时，右线矿山法隧道还在开挖，无法安排进行二次衬砌混凝土施工作业，因此需进行盾构近接矿山法隧道同期施工。

5.2.1 隧道间距对矿山法隧道内力的影响分析

运用有限元软件对盾构近接矿山法隧道同期施工进行数值模拟，分析不同隧道间距下盾构开挖对矿山法隧道应力、应变场的影响。

1. 计算模型

计算域尺寸为40 m×20 m×20 m。计算采用四面体实体单元，盾构近接矿山法隧道有限元计算网格如图5.9所示。网格包含22 297个域单元、3 066个边界元和336个边单元。其中，左侧隧道为矿山法施工隧道，右侧为盾构隧道。矿山法隧道先施工，根据施工工况，在盾构机掌子面上施加0.8 bar的压力。

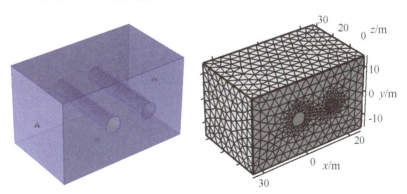

图5.9 盾构近接矿山法隧道有限元计算网格

2. 盾构引起的应力场

盾构近接矿山法隧道引起的Mises应力场如图5.10所示。由图可知，盾构引起的最大应力在掌子面的边缘，约1.4 MPa。

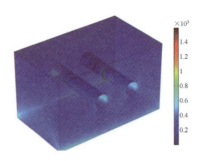

图 5.10　盾构近接矿山法隧道引起的 Mises 应力场（单位：MPa）

3. 盾构引起的位移场

盾构近接矿山法隧道引起的竖向位移场如图5.11所示，由图可知，盾构引起的竖向位移在隧道边缘处，底面土体隆起约为8 mm，而顶面的土体沉降约为5 mm。

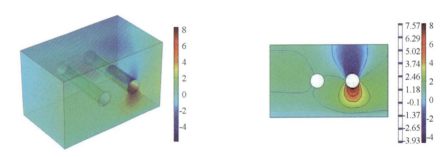

图 5.11　盾构近接矿山法隧道引起的竖向位移场（单位：mm）

4. 隧道间距对矿山法隧道内力影响

盾构同期施工时，不同隧道间距对矿山法隧道初期支护结构产生的影响不同。通过选取不同截面（图5.12），可以分析在不同隧道间距下，矿山法隧道初期支护的应力分布规律。

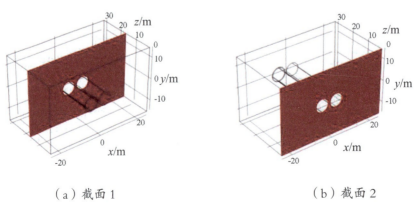

（a）截面 1　　　　　　　　　　（b）截面 2

图 5.12　选取的分析截面

无盾构施工时，初期支护最大Mises应力出现在隧道左边缘内侧，为9 355.73 kPa。

不同隧道间距时，在截面1和截面2处（1 m、2 m、3 m、4 m、5 m、6 m、7 m）的初期支护应力状态：在截面1处，初期支护的最大Mises应力始终位于靠近盾构隧道一侧。在截面2处，当隧道间距较大时（6 m和7 m），最大Mises应力出现在矿山法隧道左侧，当隧道间距逐渐减小时，最大Mises应力出现在矿山法隧道右侧，即盾构开挖导致了初期支护结构应力场的重分布。通过有限元计算得到的不同隧道间距下，盾构开挖时既有隧道初支最大Mises应力见表5.3。

表 5.3　盾构开挖时既有隧道初支最大 Mises 应力（单位：kPa）

隧道间距 /m	截面 1	截面 2
1	10 595.90	17 517.40
2	9 861.09	12 649.70
3	9 563.53	10 881.10
4	9 405.20	10 212.90
5	9 313.93	9 338.84
6	9 244.49	9 633.77
7	9 193.70	9 557.84

表5.3中的最大Mises应力与隧道间距的关系如图5.13所示。图5.13表明，截面2处的Mises应力显著大于截面1处的Mises应力。这意味着在盾构掌子面上施加的压力有助于减小初期支护受到的上部土压力。但开挖导致的土体损失会使初期支护Mises应力增加。随着隧道间距的增大，在截面1和截面2处，初期支护结构受到的最大Mises应力逐渐减小。当隧道间距大于1倍洞径后，盾构隧道与矿山法隧道同期施工对初期支护的影响可忽略不计。

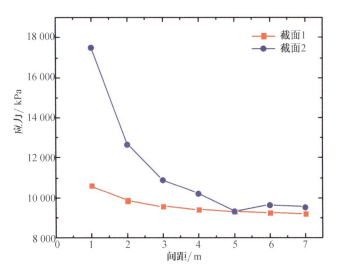

图 5.13　最大 Mises 应力与隧道间距的关系

5.2.2 盾构同期施工对矿山法隧道内力的影响分析

盾构施工掘进过程对矿山法隧道内力的影响分析，取盾构施工隧道长度100 m，距矿山法隧道间距3 m，分为10个施工步序开挖，分析该过程对矿山法隧道内力的影响。

1. 计算模型

计算域尺寸取60 m×100 m×40 m。计算采用四面体实体单元，计算域有限无网格如图5.14所示。网格包含179×170个域单元、49 790个边界元和3 065个边单元。其中，图5.14（a）所示为矿山法施工隧道，图5.14（b）所示为盾构隧道，矿山法隧道先施工。根据施工工况，在盾构机掌子面上施加0.8 bar的压力。

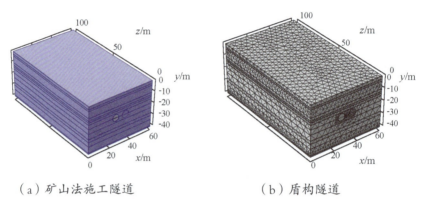

（a）矿山法施工隧道　　　　　（b）盾构隧道

图 5.14　计算域有限元网格

2. 盾构施工过程的影响

在盾构施工距离为100 m时，分为10步，每步开挖长度为10 m，在盾构掘进过程中，对矿山法隧道的内力进行分析，以矿山法隧道顶面和侧面为分析对象。

在盾构施工过程中，矿山法隧道顶边和侧边Mises应力如图5.15所示。图5.15表明，盾构开挖过程中，由于土体开挖导致矿山法隧道结构的内力变化。盾构施工对矿山法隧道顶边的影响不大，应力变化较小；而对矿山法隧道侧边的影响较大，影响范围距盾构掌子面−5～5 m。

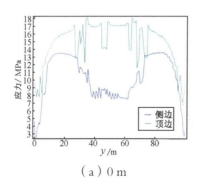

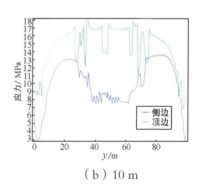

（a）0 m　　　　　　　　　　（b）10 m

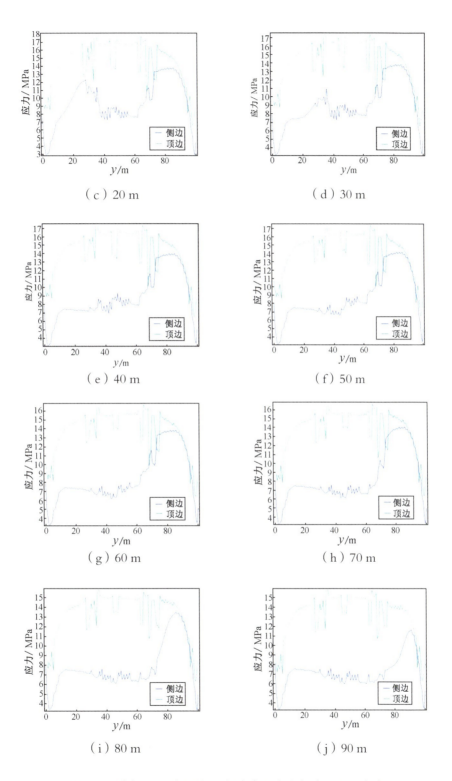

图 5.15 盾构施工过程矿山法隧道顶边和侧边 Mises 应力

5.2.3 夹持土层注浆加固

小净距相邻隧道盾构施工时，夹土体厚度较小，受先期施工的矿山法隧道开挖扰动影响严重。这会导致地层土体经受扰动，增加盾构机姿态控制难度。在运营阶段，相邻洞室内列车的振动也会对左右洞间所夹土体产生影响，进而引起地表沉降变形和隧道的稳定性问题，如管片变形、隧道位移、螺栓松动或受剪等问题。为保证盾构侧穿矿山法毛洞时两隧道的施工安全及盾构本身的施工安全，需要对两隧道之间的夹持土体进行注浆加固，具体操作如下。

（1）注浆管预埋：初期支护施工时，在边墙上埋设$\phi 32$ mm钢管，长度根据左右洞隧道净距现场确定，但不得侵入盾构掘进范围。每断面设置5根钢管（每根间角度为24°），纵向每隔2 m设置一个断面。当初期支护闭合成环长度达3～5 m后，即对初期支护背后进行注水泥浆。

（2）注浆：小导管注浆液用强度等级不低于P·O42.5水泥拌制，水灰比为1：0.5～1：0.8，注浆压力不大于0.5 MPa。

盾构法隧道内同步注浆要求每环注浆量不小于7 m³，以保证盾尾的土体与管片空隙及相邻土体的密实性。

二次注浆浆液采用水泥-水玻璃双液浆（浆液配合比为1：1；水泥浆水灰比为1：1，水玻璃模数为216，波美度为35°）。注浆压力为0.3～0.6 MPa，以注浆压力持续快速上升并达到0.5 MPa为终止，要求加固后的土体无侧限抗压强度不小于0.4 MPa。夹持土体加固示意图如图5.16所示。

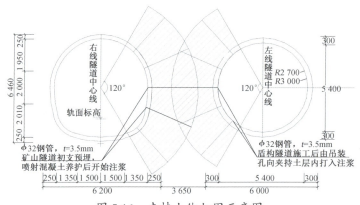

图5.16 夹持土体加固示意图

为顺利施工，选取与预留注浆孔（即拼装螺丝孔）相同的$\phi 32$ mm无缝钢管加工制作钢花管。小导管末端预留800 mm长的止浆端，不进行钻孔，前端加工成锥形，中间每隔150 mm间距按梅花形布置$\phi 10$ mm钻孔，小导管长度根据净间距确定，同时打设时不能侵入盾构隧道范围内，影响盾构掘进。

5.2.4 近接矿山法隧道初支加固

为减少盾构区间盾构掘进施工对近接已开挖完成的矿山法隧道的影响，降低盾构近2 000 t推力对已完矿山法隧道初期支护结构的破坏风险，应在矿山法隧道内采用I22a型钢钢架毛洞支护结构进行加固。加固体系采用"井"字形，每根横撑设一个固定端和一个活动端，便于施加预应力，上下两道横撑间交叉布置槽钢可作为联系加固体系，如图5.17所示。沿隧道轴线方向间隔1.5 m布置一道井字形支撑体系，相邻支撑间布置槽钢整体拉结加固，如图5.18所示。

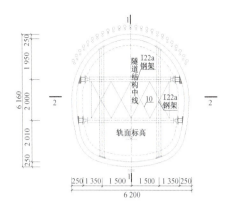

图 5.17 井字形支撑体系加固图

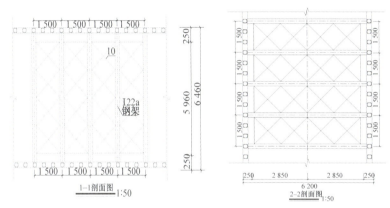

图 5.18 井字形支撑体系截面图

5.2.5 初支钢格栅应力计安装

1. 仪器设备

采用钢筋计和测读仪进行监测。

钢筋计采用GXR-1011型钢筋计，主要技术指标：振弦式，直径与被测钢筋相同，量程为300 MPa，精度为0.25%F.S，温度测量范围为-20~80 ℃。

测读仪采用配套的振弦式读数仪，主要技术指标：激励范围为400~6 000 Hz，测量精度为0.05%F.S，温度测量范围的-50~150 ℃，测温分辨率为0.1 ℃。

2. 测定方法及频率

安装前、后分别采集初始数据，根据施工进度，定期采集监测点的数值。对于距离切口前方5 m位置的监测点，监测效率为1次/h，而在盾构通过地段，则为2次/d。

3. 数据处理

监测数据通过特定的数学模型换算后，得出各监测点的钢筋应力。

4. 安装埋设要点

（1）初支结构内钢筋计安装埋设步骤如下。

仪器、导线安装前检验、测读→将各个钢筋计焊接在格栅纵向主筋上→将钢筋计测量导线用保护管竖向引出→将格栅吊装焊接→进行格栅混凝土浇筑→设置电缆线保护盒→测读安装后的初始值。

（2）安装前检测钢筋计的初始频率是否与出厂标定值相符，如果不符，应重新进行校准或更换合格的产品。

（3）将各个钢筋计布置在洞内3点钟方向格栅纵向主筋上。先将钢筋计两端的连接杆分别与钢筋连接焊接，须保证焊接强度不低于钢筋强度。焊接过程中，应采取措施避免温升过高而损伤仪器。

（4）焊接钢筋计后，将电缆用保护管沿格栅竖向引出，并钢筋计的安装部位应有明显的提醒注意保护的标志。在喷锚、浇筑混凝土时，安装人员应在现场看护，直至此部位的混凝土浇筑完成后方可离开。

（5）将仪器传输电缆接引到固定的保护盒内，并对电缆统一编号，做出标识，接头部分做好保护措施。现场施工人员作业时，应避让传输电缆，确保其不受破坏。钢筋应力测试点埋设示意图如图5.19所示。

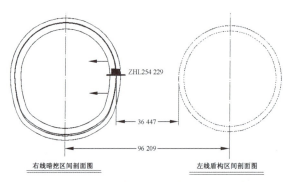

图 5.19　钢筋应力测试点埋设示意图

5. 盾构穿越矿山法隧道初支钢筋应力

博一工右线暗挖区间共布设了7个钢筋应力监测点，并选取了其中1个有代表性的监测点。从图5.20中可以看出，在盾构机刀盘通过监测点过程中，监测数据变化较为明显，钢筋应力值达到-97 MPa。在盾构机刀盘通过后，监测数据逐渐趋于平稳。在盾构机近接矿山法初支隧道同期施工过程中，设立了多处GXR-1011应力监测装置。监测数据表明，盾构机近接过程中，初支隧道结构拱顶受力正常，无异常受力情况，表明了盾构在同期穿越矿山法初期支护隧道时，采取钢支撑加固措施能有效抵抗盾构掘进过程中所带来的侧向增加的土压力，确保了盾构安全通过矿山法初期支护隧道，同时保证了两种工法同时进行施工，有效缩短了区间施工工期，确保了工程质量与沿线周边环境的施工安全。

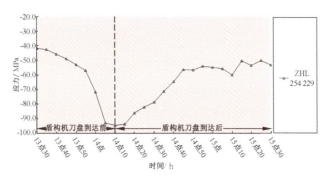

图 5.20 盾构穿越矿山法隧道初支钢筋应力变化曲线图

5.2.6 盾构掘进

为加强盾构掘进控制，减少矿山法的隧道竖向移动和结构内力的变化，在盾构法隧道施工过程中需遵循以下原则。

以土压平衡状态土压力计算值为盾构掘进施工的土压设定值，以理论出土量为盾构弃土控制值，严格控制出土量。

盾构机水平方向的控制原则：严格控制盾构机竖向、水平偏差和倾角偏差，合理控制推进千斤顶行程差，避免大幅度的轴线纠偏动作。由于左、右线隧道净距非常小，为了减小盾构施工对周边土体扰动，减小对矿山法隧道施工的影响，禁止大幅度纠偏，应遵循"勤纠、少纠"的原则，不得急纠。

同步注浆及时、足量，在盾构机后方通过注浆孔及时进行二次补浆。

在进入小净距隧道段前的加固区域，进行刀具检查，确保刀具的完好性。

1. 严格控制主要掘进参数

在盾构推进过程中，应根据此段地质、覆土厚度、地面建筑情况以及地表隆陷监测结果调整土仓压力，减少压力波动。推进速度保持相对平稳，控制好纠偏量，尽量减少对土体的扰动，并加强出土量监控，防止超挖和欠挖，为管片拼装创造良好的条件。同步注浆量要根据推进速度、出碴量和地表监测数据及时调整，将施工轴线与设计轴线的偏差及地层变形控制在允许的范围内。

（1）土仓压力值的选定。

严格以土压平衡状态下的土压力计算值作为盾构掘进施工的土压设定值，根据计算上部土压设为1.2 bar。在项目工程师认可的前提下，可以进行微量的调整。同时可以通过埋深、土体位移和深层沉降的监测信息，对土压设定值进行修正。

（2）出碴量的控制。

考虑到土层松散系数，实际每环出碴量应根据监控量测数据和经验来控制。严格以理论出土量为盾构弃土控制值，每环出土量偏差不得超过1 m³。为了避免数量统计误差，施工中尽可能将土箱清洗干净。一旦出现超挖现象，必须如实反馈，并在后续注浆施工中，有针对性地进行超量注浆。

（3）推进力和推进速度的控制。

掘进速度太慢对土体扰动较大且不利于出渣量的控制，速度过快不利于掌子面的稳定，且易造成土仓压力的不稳定性变化。掘进速度及推力的选定以保持土仓压力为目的，根据重叠段确定盾构掘进速度为20~40 mm/min；掘进过程中，根据实际情况，及时、合理调整掘进速度及推力。

2. 控制盾构姿态

由于地层软硬不均、隧道曲线和坡度变化及操作等因素的影响，盾构推进不可能完全按照设计的隧道轴线前进，而会产生一定的偏差。当这种偏差超过一定限界时，会导致隧道衬砌侵陷、盾尾间隙变小，使管片局部受力恶化，并造成地层损失增大，地表沉降加大。因此，在盾构施工中必须采取有效技术措施控制掘进方向，及时有效纠正掘进偏差。

由于矿山法隧道所在土体已先期受到扰动，且左、右隧道间距较小，因此必须严格控制盾构掘进水平偏差。要合理选择掘进趋势，减小"栽头"风险。掘进中盾构务必保持平稳推进，适当提高盾构刀盘转速，并减小贯入度，以减少纠偏，减少对正面土体的扰动。因此，在推进过程中，将盾构DTA水平方向整体远离矿山法隧道3 cm，垂直方向趋势保持在+3 cm，以防盾构机下沉。同时，将施工测量结果不断地与计算的三维坐标相校核，及时调整。另外，在穿越过程中要控制刀盘转向，以免对土体产生较大的扰动。

3. 同步壁后注浆

盾构施工引起的地层损失、盾构隧道周围受扰动和受剪切破坏的重塑土的再固结，以及地下水的渗透，是导致地表沉降的重要原因。小净距隧道段，为了减少和防止沉降，在盾构掘进过程中，要尽快在脱出盾尾的管片背后同步注入足量的浆液材料充填盾尾环形建筑空隙，以支撑管片周围岩体。凝结的浆液将作为盾构施工隧道的第一道防水屏障，增强隧道的防水能力。同时，浆液可为管片提供早期的稳定，使管片与周围岩体一体化，有利于盾构掘进方向的控制，并能确保盾构隧道的最终稳定。必要时，要注双液浆进一步加快管片填充物的固结时间，从而尽快稳定地层，减少扰动与下沉量。

5.3 盾构下穿铁路站场

5.3.1 技术背景

尚—哈区间右线起讫里程为SK17+873.800~CSK18+525.205，区间长度为651.405 m。左线起讫里程为XK17+873.800~XK18+525.205，长链为1.26 m，区间长为652.665 m，区间采用盾构法施工。

地铁区间线间距为14.0~16.4 m，区间覆土为11.2~14.0 m。区间下穿站场右线里程为SK18+315.101~SK18+435.154，下穿段区间长120.053 m，共计100环（368~468环）；区间下穿左线里程为XK18+318.897~XK18+434.405，下穿段区间长115.148 m，共计97环（372~469环）。

区间于国铁哈尔滨站东北侧，下穿哈尔滨站新建及改造线路。站场改造分南、北两侧分别进行，下穿范围为哈牡客专HMDK0+291.384～HMDK0+313.515，下穿股道包括正线、到发线、渡线，共20股道，10处岔道，均为有砟道床。隧道的下穿处位于隧道轴线直线段上。下穿节点处盾构隧道主要位于粉质黏土、粉砂、中砂中，隧道上部分布不同深度的杂填土和粉质黏土，覆土厚度均约8.6 m，铁路与地铁位置关系如图5.21所示。

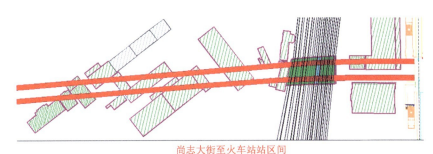

图 5.21　铁路与地铁位置关系

5.3.2　站场路基预加固

对下穿铁路区域，采用水泥搅拌桩预加固处理，铁路预加固工程同步进行，分为两期施工：一期北场施工，二期南场施工。加固范围为平行铁路线路方向约35 m，垂直铁路线路方向约135 m，桩径为600 mm，桩间距为400 mm，桩体平均深度为7.8 m。

水泥浆采用P·O32.5普通硅酸盐水泥，水泥掺量不少于18%，搅拌桩施工前应平整场地（按标高控制）并压实，再进行搅拌桩施工。土体强度取样检测方法：桩身强度检测应在成桩28 d后，用双管单动取样器取芯样做搅拌均匀性和水泥土抗压强度检验，检验数量为施工总桩（组）数的0.5%，且不少于6点。

1. 水泥搅拌桩主要工艺

（1）装机就位、对中。

本工程水泥深层搅拌桩采用单轴型钻头桩机。施工时，移动桩架到达指定桩位，使钻头中心对准设计桩位。

（2）制备水泥浆。

根据计用灰量（每米50 kg）、桩长、水灰比拌制水泥浆。拌好后的水泥浆要过筛，然后倒入集料斗中备用。

（3）搅拌喷浆下沉。

桩位定好后，启动电机，放松起重机钢丝绳，使搅拌机沿导向架边搅拌边切土下沉，同时喷浆。这样可以防止出浆口在下沉过程中被土团堵塞。下沉速度由电机监测表控制，确保工作电流不大于70 A。

（4）喷浆、搅拌、提升。

水泥深层搅拌桩机下沉到设计深度后，边旋转搅拌钻头边提升。提升时，严格按照设计确定的提升速度提升搅拌机，并喷射余下的水泥浆。

（5）重复搅拌下沉和提升。

为使软土和水泥浆搅拌均匀，可再次将搅拌机边旋转边沉入土中，直至达到设计加固深度，然后再将搅拌机边旋转边提升出地面。

（6）清洗。

向集料斗中注入适量的清水，开启灰浆泵，将全部管路中残余的水泥浆清洗干净，并将黏附在搅拌头上的软土清除干净。

（7）移位。

将深层搅拌机移位，重复上述（1）~（6）步骤，再进行以下根桩的施工，单轴型钻头桩机施工流程图如图5.22所示。

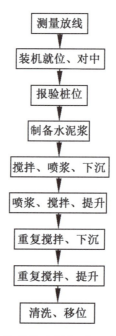

图 5.22　单轴型钻头桩机施工流程图

2. 电子计量系统

在水泥土搅拌桩过程中，均采用PJ-1喷浆记录器控制施工全过程。此装置具备监视、测量和记录等功能，具体如下。

（1）测定深层搅拌桩的钻孔深度。

（2）对喷浆过程中的每0.1 m喷浆量计量和整桩累计喷浆量进行测量、显示和记录。

（3）对喷浆次数和复搅深度具有防伪功能。能较准确地适时显示和记录浆量与深度的关系，为操作人员提供适时操作的依据，以确保达到设计要求，保证成桩性能，还能减少材料浪费。

3. 质量控制关键

（1）定位偏差：偏差<5 cm。

(2)桩身垂直度偏差：垂直度≤1%。

(3)喷浆搅拌速度：v≤0.5 m/min。

(4)为使水泥和地基土均匀拌和，桩身地表下5 m范围内必须重复搅拌一次。

(5)在施工中，电流表变化以不超过70 A为宜。

(6)水泥掺量：深层水泥搅拌桩的水泥掺入比不少于18%。

(7)送浆压力：0.5～1 MPa，视场地地质情况分三、四档进行调节。

5.3.3 盾构掘进施工

为了保证盾构机顺利下穿铁路，应定时保养盾构机，使其各部分正常运转。洞内安排跟班机修负责洞内设备维修，同时地面安排值班电工和机修负责地面设备维修，做到有问题及时解决。取始发后前100 m作为下穿铁路试验段，取得下穿铁路施工理论参考值：土压力、注浆压力、注浆方量、泡沫剂用量、推进速度、刀盘扭矩和转速等技术参数。在始发100 m后，总结、优化控制指标和参考值，同时结合现场的施工状况和测量反馈回来的数据，指导穿越铁路阶段的施工。盾构机掘进参数表见表5.4。

表5.4 盾构机掘进参数表

序号	掘进参数	下穿铁路参数
1	总推力 /kN	10 000～12 000
2	刀盘扭矩 /(kN·m^{-1})	2 000～2 500
3	刀盘转速 /(r·min^{-1})	1.3
4	掘进速度 /(mm·min^{-1})	40～50
5	土仓压力 /bar	1.4～1.6
6	同步注浆量 /m^3	4.8～6.5
7	同步注浆压力 /bar	2.7～3.0
8	发泡剂比例 /%	30～50
9	发泡剂注入速度 /(mL·min^{-1})	200～400
10	油脂消耗量 /(kg·环$^{-1}$)	35～50
11	单环出土量 /m^3	37～38
12	二次注浆压力 /bar	2.5～3

1. 掘进参数优化

(1)盾构推进通过设定推进速度，调整排土量来实现土压平衡。控制地层压力与土仓压力的差值处于一定范围，将土仓压力波动降至最低，从而控制地面沉降。

(2)在推进距离铁路影响范围前10 m左右时，按照穿越铁路的推进参数推进。根据地面沉降等反映出的变化，不断调整推进参数，以达到推进的理想参数配置，为成功穿越铁路提供试验数据支撑。

(3)利用土压传感器检测的数据来控制千斤顶的推进速度，将推进速度控制在4.0～5.0 cm/min，且保持稳定；排土量为理论值的98%，施工中需保持推进速度与出土速度相匹配。

（4）在推进过程中，应保持好盾构机姿态，使实际施工隧道轴线与设计轴线尽量一致，减少纠偏。盾构掘进时，为防止地下水及同步注浆浆液从盾尾窜入隧道，需在盾尾钢丝刷位置加强盾尾油脂注入，以确保施工过程中盾尾与管片的间歇内充满盾尾油脂，起到密封作用。

（5）在盾构机下穿铁路前后30 m范围内，加强同步注浆量，同时做三道止水环。这样可防止下穿铁路时地下水回流，进一步避免铁路路基沉降。

2. 同步注浆

盾构施工引起的建筑空隙、地层损失和盾构隧道周围受扰动或受剪切破坏的重塑土的再固结，是导致地表沉降的主要因素。盾构隧道主要通过均布在盾壳体外的同步注浆管来控制地表沉降。

同步注浆液采用单液浆，其水泥砂浆材料用量表见表5.5。该浆液凝胶时间短，在填充地层的同时，能尽早获得浆液固结体强度，保证了开挖面的安全，防止漏浆。同时，还能确保在列车振动和7级地震下不发生液化。

表 5.5 水泥砂浆材料用量表

材料	水泥	砂	粉煤灰	水	膨润土
每立方米用量/kg	200	600	400	400	35

注浆压力为2.5~3 bar，并根据盾构推进速度控制注浆量。实际注浆量采用理论值的150%~200%。

同步注浆速度和推进保持同步，即在盾构机推进的同时进行注浆。推进停止后，注浆也相应停止。如果注浆压力较低，可在停机后适当补浆。

壁后注浆装置由注浆泵、清洗泵、储浆罐、管路、阀件等构成。当盾构掘进时，注浆泵将储浆罐中的浆液泵出，并通过四条独立的输浆管道，输送到盾尾壳体内的4根同步注浆管，对管片外表面的环行空隙中进行同步注浆。每条输浆管道上都有一个压力传感器，每个注浆点都有监控设备，监视每环的注浆量和注浆压力。此处，每条注浆管道上设有两个调整阀，当压力达到最大值时，其中一个阀会关闭注浆泵；而当压力达到最小值时，另外一个阀会打开注浆泵，继续注浆。

盾尾密封采用三道钢丝刷加注盾尾油脂密封，确保周边地基的土砂和地下注浆液不会泄漏。注浆量及注浆压力的大小可以通过自动控制和手动控制来实现。手动控制可对每一条管道进行单个控制，而自动控制可同时控制对所有管道。

3. 二次注浆

根据地面沉降的变化，可进行二次注浆，以弥补同步注浆的不足。在管片出盾尾2环后进行二次注浆，注浆压力应不大于0.4 MPa。施工中，对压浆位置、压入量、压力值做详细记录，并根据地层变形监测信息及时调整，在确保压浆质量的前提下，方能进行下一环的推进施工。

二次注浆采用水泥砂浆和水玻璃双液浆，二次注浆的配比如下：

水泥砂浆：膨润土∶粉煤灰∶砂∶水∶水泥=200 kg∶500 kg∶700 kg∶430 kg∶200 kg；

水玻璃双液浆：水泥浆水灰比为0.5，水泥浆和水玻璃体积比为1∶1。凝结时间为45~60 s。

4. 盾构施工轴线控制

在盾构机进入穿越区之前，尽量将盾构机的姿态调整至最佳，减少盾构纠偏。在施工过程中，工程技术人员根据地质变化、隧道埋深、地面荷载、地表沉降、盾构机姿态、刀盘扭矩、千斤顶推力等各种勘探、测量数据信息，正确下达每班掘进指令，并即时跟踪调整。盾构机操作人员须严格执行指令，谨慎操作，要保持压力值不要过大，并控制每次纠偏量，避免过大，以减少对地层的扰动，为管片良好拼装创造条件。

（1）严格控制盾构机的姿态。

①在推进中，加强测量工作，并将测量数据反馈到轴线控制上。

②按测量信息及时进行调整。

③控制盾构机的推进速度。

（2）严格控制盾构纠偏量。

当轴线走偏时，应予以纠正，采用调整盾构千斤顶组合的措施进行纠偏。在偏离方向相反处，调低该区域千斤顶工作压力，使两区域千斤顶产生行程差，从而实现纠偏效果。对于盾构机蛇形运动的修正，应遵循长距离逐渐修正的原则，单次纠偏量不宜超过5 mm。

5.3.4 下穿铁路自动化监测

在盾构穿越期间，会对线路及结构物周围地层造成扰动，引起铁路路基及轨道结构的变形，进而影响到铁路行车的安全。因此，在施工过程中，必须采取相应的监控保护措施，加强施工期间对铁路轨道沉降的监控量测，及时反馈监测信息，为监控工程风险、指导施工提供监控数据保障。

1. 监测范围

尚—哈区间右线盾构机于364环开始下穿北侧封闭网；368环开始下穿北侧第一股轨道；400环完成南侧第12股轨道穿越；403环完成南侧封闭网穿越；左线盾构机于368环开始下穿北侧封闭网；372环开始下穿北侧第一股轨道；403环完成南侧第12股轨道穿越；407环完成南侧封闭网穿越。根据站场改造的现场实际情况，在尚—哈区间盾构掘进过程中需对北场新建铁路线路进行自动化监测。监测范围共涉及12股线路，监测断面为隧道埋深的2倍，如图5.23所示。

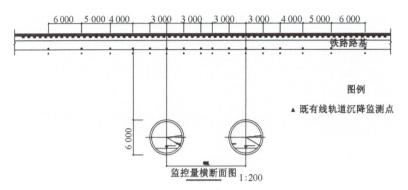

图 5.23 尚—哈区间下穿铁路监测横断面图

2. 监测方案

根据铁路既有线路与盾构区间的位置关系，现场地形及周边建（构）筑物分布特点，采用"测量机器人+机载自动化观测软件+自动化后处理软件"的自动化监测方法，如图5.24所示。

3. 监测实施

（1）测站控制点（设站点）布设。

结合现场情况，考虑系统安全、观测精度及可行性等多方面因素，对设站点进行规划，该系统采用假定坐标系，由于新建铁路线路周边正在进行站场改造施工，且地面标高太低，视界小，通视条件差。经现场多次踏勘，最终选定将设站点布设通视条件较好的民房窗

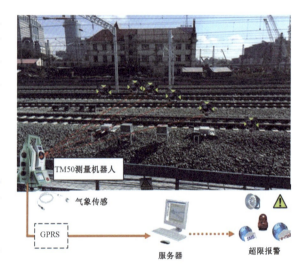

图 5.24 自动化监测方案图

口。测量机器人采用强制对中装置安置，通信采用GPRS无线移动网络通信方案，供电采用市电供电+备用电源+UPS。

（2）工作基点布设。

在变形区域外围，采用徕卡圆棱镜，安置4~6个后视点。后视点应尽可能分布均匀，且距离全站仪的位置应远于监测点距离，确保长边控制短边。同时，对于有条件的后视点，可考虑同时设置水准测量点，便于进行高程数据的检核比对。

（3）监测点布设。

监测点采用L形小棱镜，均匀布设于监测区域内。根据监测需求，将其设置在轨枕中央，确保能够反映轨枕的沉降变形。监测点布设采用断面方式，按照设计要求，每条断面布设监测点15个。本项目监测范围包括正线及道岔共12股轨道，故需布设6个监测断面，总计布设监测点90个，如图5.25所示。

图 5.25 监测点布置图

(4) 自动化监测系统集成。

在完成设站点、工作基点和监测点布设后,需要进行自动化监测系统集成,系统集成共分为三个阶段。

① 自动化监测软件安装调试阶段。

监测工作开始前,需分别在测量机器人及后台服务器上安装自动化监测控制软件和自动化处理软件。安装后,需对数据采集、传输、自动化处理、自动报表生成及报送、自动报警等功能进行现场调试,调试完成后须经24 h不间断测试,以检验系统可靠性,检验通过后方可投入使用。

② 工作基点联测阶段。

工作基点是整个监测工作的基准,在开展监测工作前须进行联测。为确保联测成果的可靠性,在软件系统安装调试及检验合格后,可在设站点对所有工作基点连续观测24 h,并利用专用的GeoMoS软件进行严密平差计算,确定各工作基点的成果。

③ 自动化监测系统联调及检验阶段。

在正式启动监测工作前,需对整个自动化监测系统进行联调和检验,主要检查监测点安装位置、方向、高度等是否处于最佳状态,自动化监测软件运行是否稳定,监测成果是否可靠,成果自动报送及自动报警系统运行是否正常等。对联调过程中发现的问题,须在现场快速解决,并至少需要经过连续48 h试运行检验,以检核整个自动化监测系统的稳定性及可靠性。

4. 监测频率

盾构施工对既有铁路的影响程度有所不同,监测频率高时,对施工影响程度大,监测频率低时,对施工影响程度小。项目观测周期从盾构到达铁路既有线前50环(60 m)开始,到左、右线盾构区间完成穿越且监测数据稳定为止。根据盾构施工工筹推算,左、右线穿越期预计为20 d,其监测频率如下。

(1) 盾构掘进面与铁路路基的距离不大于50 m时,监测频率为2 次/d。

(2) 盾构掘进面与铁路路基的距离大于20 m、小于50 m时,监测频率为4 次/d。

(3) 盾构掘进面与铁路路基的距离小于20 m但未开始下穿时,监测频率为6次/d。

（4）盾构下穿期间，监测频率为12次/d。

（5）盾尾距离铁路路基小于20 m时，监测频率为6次/d。

（6）盾尾距离铁路路基大于20 m时，监测频率为4次/d。

（7）监测数据稳定后，监测频率为2次/d，持续监测一周。

在监测过程中，如发现沉降变化、数据异常，加密至每1 h监测一次或不间断监测。

5. 沉降控制标准

根据铁路部门相关要求，提出的站场铁路沉降控制指标见表5.6。

表 5.6 站场铁路沉降控指标

监测项目		累计值/mm	变化速率/(mm·d^{-1})	检验方法	备注
路基沉降		正线：+0 ~ -8 道岔：+0 ~ -7	1.5	监测	
轨道	高低		5	—	10 m 弦量
	轨向		4	—	10 m 弦量（直线）
	扭曲		4	—	万能道尺测量
	轨距		-2 ~ 4	—	万能道尺测量
	水平		5	—	万能道尺测量
	轨距变化率		1/1 000		

6. 数据反馈分析

监控量测信息反馈将按照监测项目、测点布置图、监测数据分析说明、监测成果报表、监测时程变化曲线、沉降断面图等，根据业主、设计、监理及铁路主管部门的要求，以日报、周报、旬报和月报的形式提供相应成果资料，最终形成监控量测总结报告。

监测预警级别根据设计单位提出的监测控制指标值确定，将施工过程中监测点的预警状态按严重程度由小到大分为黄色报警、橙色报警、红色报警。预警级别的划分标准如下。

（1）黄色监测报警：双控指标（变化速率和累计变化量）中任意一项超过控制值的80%。

（2）橙色监测报警：变形监测的绝对值和速率值双控指标均达到控制值的80%，或双控指标（变化速率和累计变化量）中任意一项超过了控制值。

（3）红色监测报警：双控指标均超过控制值，或变化速率急剧增长。

5.4 盾构穿越人防工程

5.4.1 技术背景

哈尔滨地铁2号线哈—博区间位于哈尔滨市南岗区，主要沿颐园街进行敷设。区间上部道路狭窄，两侧建筑物较多。区间右线起点里程为SK18+685.655，终点里程为SK19+276.950，全长591.295 m；左线起点里程为XK18+685.655，终点里程为XK19+276.950，长链长1.928 m,全长593.223 m。区间纵向呈单向坡度,最大坡度为26.074‰,隧道埋置较深,其结构顶覆土厚度9.78~12.1 m。哈—博区间右线盾构机掘进至颐园街与邮政街交口剩余147 m时,遇地下障碍物而停机。经补充勘察,在刀盘前方约15 m范围内,分布着不规则混凝土块体,局部含直径16 mm的钢筋。混凝土最大抗压强度为39.8 MPa。经分析判断,地下不明障碍物为既有废弃人防工程。哈—博区间盾构空推平面示意图如图5.26所示。线路左侧有2栋国家级保护文物,对沉降控制要求非常严格,累计沉降量不得大于10 mm,差异沉降不得大于0.5 mm。

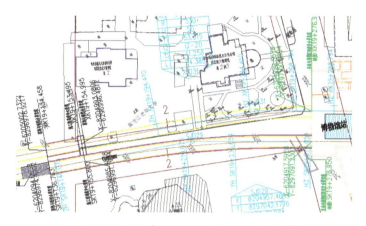

图5.26 哈—博区间盾构空推平面示意图

区间内盾构机的刀盘为辐条式,并配置软土刀具,不具备破岩能力。既有人防工程埋深大约在18 m,分布不规则且纵横交错,无翔实资料供查证。因停机位置上部周边环境及地下管线情况复杂,不具备采取地面施工措施条件。经方案论证、比选,确定区间右线剩余部分及左线相对应部分均采用矿山法开挖施工,对既有人防工程进行破除处理。盾构机将在空推拼装管片的过程中通过矿山法施工区间。

1. 地下综合管线

哈—博区间右线盾构机停机位置为邮政街与颐园街交口处,根据物探资料及现场勘察,邮政街与颐园街交口处地下敷设了燃气管线、排水管线、给水管线、热力管线、电力管廊等,如图5.27所示。

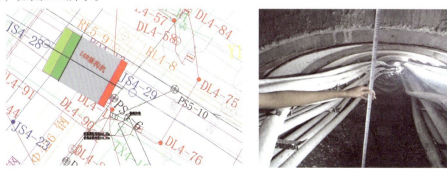

图5.27 地下综合管线图

2. 既有人防

电力管廊为直径1.5 m混凝土承插管，1.0 m/节。管廊终端在暗挖隧道上方约0.5 m处接入人防。该人防共2条，一条沿右线隧道右侧布置，一条与隧道相交约45°角向左线延伸（该人防已采用粗砂回填）。人防净高2 m，净宽1.5 m，墙厚40 cm，用红砖砌体封堵，人防均位于盾构隧道内。

5.4.2 矿山法隧道施工

哈—博区间正线矿山法初期支护隧道的设计采用了三圆心近圆形结构，开挖断面高7.05 m，宽6.9 m。拱部240°范围的开挖半径为3 450 mm，底部两侧30°范围的开挖半径为3 844 mm，底部60°范围的开挖半径为3 600 mm。隧道采用ϕ78 mm小管棚+ϕ42 mm小导管超前支护，隧道初支采用I18工字钢拱架（间距0.5 m）+钢筋网片（ϕ8 mm@200 mm×200 mm）+喷C25混凝土（厚250 mm）支护，如图5.28所示。

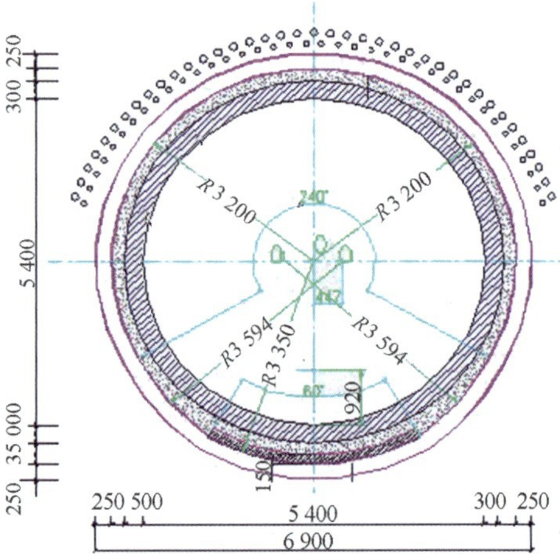

图 5.28 矿山法初支断面

1. 超前支护施工

（1）管棚施工。

根据地质情况，得知本工程地层主要为粉质黏土，容易成孔。根据工程设计、质量标准，并结合施工场区地面、工程地质、水文地质等条件，采用"有线仪器定向，一次性跟管钻进"的施工方法，即一次性完成成孔和埋设管棚。根据场地情况，管棚由博物馆站往盾构机方向打设，一次性打设长度为147.6 m。具体施工工艺见2.7.1节。

（2）洞门破除。

在隧道洞门处施工时，需破除博物馆站原有围护桩。该部位结构受力复杂，应采取稳妥可靠的施工方法，以确保土体在开挖过程中保持稳定。由于施工破坏了整个结构受力情况，使洞口位置处应力重新分布，导致该处土体失稳，故施工前在该位置处提前进行加固处理，具体办法如下。

①打设超前小导管预注浆固结地层。

在破除开始前，应根据设计图纸位置进行放线，然后根据测量定位，在洞门拱部位置打设超前小导管。

在超前小导管预注浆加固施工中，使用的是ϕ42 mm、单根长3.5 m的导管，打设角度为10°~15°，环向打设间距为0.3 m。注浆采用1∶1的水泥浆，注浆压力范围为0.4~0.6 MPa。

②围护结构破除。

超前小导管施工完成后,开始进行围护结构破除。以先上后下的方式,分2步进行破除。待围护桩保护层混凝土用风镐进行剥离,围护桩钢筋露出后,用切割机将围护桩钢筋切除,再将剩下的混凝土凿除。

③分步破除马头门。

搭设操作平台,由于破除工作分上、下两台阶施工,故马头门破除分两步台阶施工。首先破除上台阶马头门,进洞开挖支护,按照设计架立型钢钢架、喷混凝土。当上台阶进洞达到5 m后,破除下台阶马头门,开挖第二层,同样架立型钢钢架、喷混凝土,使洞室封闭成环。在马头门处,型钢钢架为三榀联立,施工时预加工好三榀型钢钢架,按照测量放样切槽,并排安放在马头门处。

(3)超前小导管施工。

为保证开挖后具有足够的自立性和稳定时间,以便型钢钢架和喷射混凝土顺利施工,在土方开挖前,按设计图纸位置在管棚间打设超前小导管,并注浆加固地层。

超前小导管采用 $\phi 42$ mm × 3.5 mm,长度为3.5 m的焊接钢管,间距为0.3 m,沿拱顶120°范围内打设,每2 m打设一环,外插脚为10°~15°。超前小导管分别与锁脚锚杆、型钢格栅点焊连接。

注浆浆液采用单液水泥浆,水灰比为1:1,注浆压力拟定为0.4~0.6 MPa,实际数值根据现场实际情况调整。

2. 土方开挖

上台阶周边土方采用人工开挖,核心土及下台阶土方采用反铲开挖,开挖一环支护一环,严禁超挖、欠挖。上、下两台阶开挖应拉开3~5 m的步距,每开挖循环进尺为0.5 m,土方采用三轮车集中拉运至博物馆站小里程端洞口处。由反铲将开挖的土方装电瓶车,通过博—工区间左线由电瓶车运送至工人文化宫站并由工人文化宫站,16 t龙门吊吊运至地表装车运走。预留核心土开挖如图5.29所示。

图 5.29 预留核心土开挖

3. 型钢钢架及钢筋网施工

(1)钢架加工制作。

型钢钢架在地面钢筋加工场冷弯分段制作,段与段之间采用钢板+螺栓连接。加工完经试拼合格后,运至现场安装。加工时,应做到尺寸准确,弧形圆顺,钢架中心与轴线重合，接头处连接孔位准确。

加工成型的型钢钢架弧形圆顺，拱架矢高及弧长允许偏差为±20 mm，架长允许偏差为±20 mm。加工完的钢架应放在水泥地面上试拼。

型钢钢架组装后需处于同一个平面，断面尺寸允许偏差为±20 mm，扭曲度允许偏差为±20 mm。

（2）钢架安装。

首先测定出中线，确定高程，然后测定其横向位置。将运至现场的单元钢架分单元堆码，并挂牌标识，以防用错。在安设前，检查断面尺寸，及时处理欠挖部分，清理松渣，保证钢架正确安设，在钢架下部垫上木板，防止钢架下沉或失稳。

钢架与掌子面土体应紧贴，两榀钢架间沿周边设纵向连接筋，环形间距1 m，沿主筋内外双层交错布置，形成纵向连接体系。然后挂设钢筋网片，将其绑扎在钢架的设计位置，并与格栅钢架牢固连接，最后施作初期支护混凝土。

型钢钢架间连接采用螺栓连接，施工时要保护好先行施工的预埋钢板螺栓孔，可用油布包裹，防止被混凝土堵塞。

（3）钢筋网加工、安装。

钢筋网片在地面加工场地分片制作，运至现场安装。用ϕ8 mm盘条调直并除锈后，点焊成200 mm×200 mm的网孔。安装时，需确保钢筋网片与格栅钢架连接牢固，网片搭接长度为20 cm，紧贴支护面，并保持30 mm的保护层。

4. 锁脚锚杆施工

由于采用隧道台阶法施工开挖，所以拱部钢架安装后暂时不能封闭成环，这会带来较大的安全质量隐患。而锁脚锚杆通过约束其沿洞轴方向的转动自由度，有利于限制围岩的变形，并有助于支护结构承载力的发挥。

锁脚锚杆使用的是直径25 mm的中空注浆锚杆，单根长3.5 m，与水平夹角20°。在隧道边墙部位设置2根。如施工中有必要，可按现场情况增加锁脚根数，以确保拱架加固牢靠。

注浆浆液采用单液水泥浆，其水灰比为1∶1，注浆压力拟定为0.4~0.6 MPa，实际数值根据现场实际情况调整。

5. 喷射混凝土

钢架安装完成后，及时施作喷射混凝土，封闭围岩，形成强有力的支护结构。本工程中喷射混凝土强度等级为C25，喷射混凝土厚度为250 mm，喷射混凝土配合比根据试验确定，见表5.7。

表 5.7 喷射混凝土配合比表

材料名称	水泥	砂子	石子	水	外加剂
品种规格	P·O42.5	中砂	碎石5~10 mm	—	—
每立方米用量/kg	467	777	746	210	23.35

（1）喷射砼施工工艺流程。

喷射混凝土施工工艺流程图如图5.30所示。

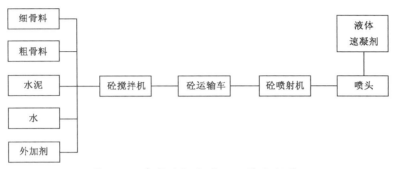

图 5.30　喷射混凝土施工工艺流程图

（2）喷射砼施工机具。

配置强制式自动计量搅拌机1台，砼喷射机1台，20 m³/min空压机1台。

（3）喷射砼施工方法。

①喷射机安装好后，先注水清洁通风管道内杂物。同时用高压风吹扫受喷面，清除受喷面上的浮土、虚渣。

②喷射砼的混合料采用强制式砼搅拌机拌和，搅拌时间不得少于2 min。出料坍落度控制在10～14 cm，并保证连续供料。

③由两人共同操作喷头，使喷射砼的喷射路线自下而上，呈"S"形运动。喷射时，喷头做连续不断的圆周运动，并以螺旋状前进，保证后一圈压前一圈三分之一。

④喷头距受喷面的距离为0.6～1.0 m，且保持垂直状态。如遇受喷面被钢筋网片、格栅覆盖时，将喷头稍微偏斜10°～20°。

⑤由于喷射厚度受砼进入喷射机的坍落度、速凝剂的效果、气温的影响，因此一次喷射厚度不得超过10 cm。

（4）喷射砼技术要求。

①喷射混凝土施工前，按设计要求完成小导管注浆、钢筋网和格栅钢架的安装工作。喷射砼分层喷射时，一次喷射厚度为7～10 cm，后一层喷射在前一层砼终凝后进行，若终凝超时1 h，先采用风、水清洗受喷面，再进行喷射砼。

②试验室负责优选喷射砼的配合比与现场控制，喷射施工前先进行试喷，试喷合格后再投入喷射施工。

③每次喷砼完毕后，即时检查厚度，若厚度不够，需进行补喷至设计厚度。

④坚决禁止将回弹料作为喷射料使用。

⑤坚决实行"四不"制度，即喷砼工序不完，开挖面不前进；喷砼厚度不够不前进；砼喷射后发现问题未解决不前进；监测结果表明不安全不前进。

6. 人防工程混凝土破除

既有人防工程材质为混凝土，强度最高可达到50 MPa，破除难度较大，为减少破除对地面的振动干扰，故采用机械破碎和静态爆破两种破除方式。

（1）机械破碎。

在小型挖机上安装一个振动锤，开挖时，遇到混凝土先用破碎锤打开一个缺口，察看人防洞门结构是否存在异常情况。在作业人员进行废弃人防前，先用气体检测仪检查有害气体情况，确保正常方可进入洞内。查明洞门结构后，确定破除方案，采用从上至下的方式进行破除，遇到钢筋和其他钢管等采用氧气切割。隧道范围内的人防工程破除完成后，在隧道开挖轮廓线外用红砖砌墙将既有人防封堵，然后依次架立型钢格栅、挂钢筋网、喷射混凝土进行初期支护。人防工程混凝土破除如图5.31所示。

图 5.31　人防工程混凝土破除

（2）静态爆破。

把硅酸盐和氧化钙等静态爆破剂固体与适量水搅拌成浆体，再灌入风钻打的炮眼内。之后会发生水化反应，固体硬化，温度升高，体积膨胀可产生30～50 MPa的膨胀力，从而把混凝土涨破。造孔采用的是YT28气腿式风钻，静态爆破孔的直径为42 mm，孔间距为20 cm，排距为15 cm。在隧道轮廓外缘，用水钻取芯获取爆破所需临空面，确保静态爆破效果。静态爆破图如图5.32所示。

图 5.32　静态爆破图

7. 初支背后注浆

隧道开挖初支完成一定长度后，进行初支背后回填注浆施工，注浆面与开挖掌子面间距离应不小于2 m。初期支护背后回填注浆应遵循初期支护与土层的密贴的原则，在初衬的拱顶和拱脚埋设注浆管，并及时对初衬背后空隙进行注浆填充。初衬背后浆液采用体积比为1∶1水泥浆，注浆压力控制在0.4~0.6 MPa。注浆孔布置成环向间距为起拱线以上2.0 m，距边墙3.0 m，纵向间距3.0 m，呈梅花形布置。注浆管直径为42 mm，单根长1 m。

5.4.3 暗挖与盾构交界面处理

1. 人防空洞处理

在地下人防区段，从地面打设直径为100 mm的孔洞。随后，使用砂回填，然后采取注单液水泥浆方式将砂填充密实。

2. 袖阀管加固

停机期间，用聚元脂封堵盾尾后方来水，刀盘前方注入膨润土至饱满。右线隧道开挖进尺至14#盾构机刀盘6 m处，然后对盾构与暗挖交界处6 m范围进行洞内袖阀管加固，确保盾构机顺利由盾构隧道进入矿山法隧道。交界面袖阀管加固处理图如图5.33所示。

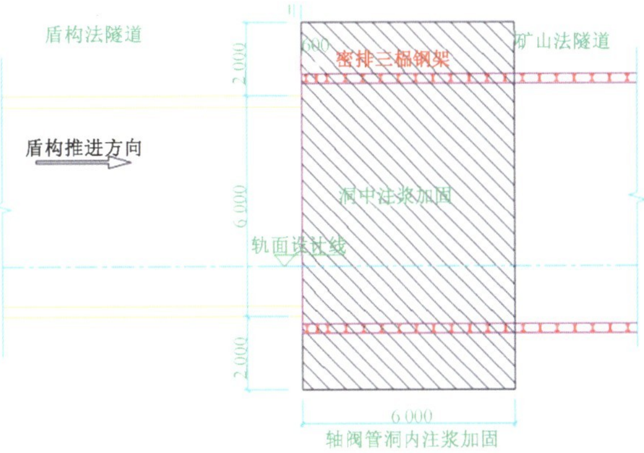

（1）施工流程。

图5.33 交界面袖阀管加固处理图

测量定位→钻机就位→钻孔、配制套壳料→清孔→套壳料浇注→埋设袖阀管→开环→注浆。

袖阀管具体施工方法如下。

①测量定位。

严格按照设计图纸要求布孔，根据现场实际情况进行局部调整。

②钻机就位。

钻机需平置于稳定坚实的地方，使钻杆对准孔位的中心，偏差不超过5 cm。

③钻孔。

洞内钻孔选用XY-100型钻机，较软土层选用合金钻具，并采用回转钻进方法成孔，钻孔选用ϕ91 mm合金钻头，并采用泥浆护壁钻进。钻进时必须严格控制钻机进给力，保持钻进速度均匀和钻孔的垂直度。在钻孔的过程中，要经常注意对钻杆设计轴线的纠正，使钻孔对中误差小于5 cm，垂直度误差小于1%。

④清孔。

在浇注套壳料之前，应对钻孔进行清孔。先采用ϕ91 mm钻具清出孔内大块径的沉渣，然后用泥浆进行清孔，泥浆的浓度以保证不塌孔为宜。清孔后，初步确定孔内沉渣厚度小于10 cm后，才能进行套壳料浇注。

⑤套壳料浇注。

套壳料一般由粉煤灰、膨润土、水泥加水搅拌而成，水泥：黏土：水=1：1.5：1.88（重量比），黏土中不得含砂砾等杂物。设套壳料配制站，用泵将其送至机台专门的浆桶里。将钻机的钻杆放至设计的深度，利用钻机的水泵灌入套壳料浆液，直到套壳料浆液溢出孔外为止。

⑥埋设袖阀管。

拔出钻杆后，将底端封闭的袖阀管边下放边往管内注满清水，节头用胶水粘好，将其压入孔内直至预定深度。最后，用压盖盖住管端，上面2 m用水泥砂浆封孔。

⑦开环。

待套壳料养护5～7 d，并具有75%～80%的强度后，通过泵送清水施加压力，把套壳压裂，为浆液进入地层打开通路。

⑧采用较大的起始泵压、较短的升压间隔时间和较大的压力增值进行开环。由小到大逐级施加泵压，并测读每级压力相应的吸水量，直至套壳开始吸水破坏和压力泵压骤降。

⑨注浆工艺。

浆液制备采用水泥标号为P·O42.5的普通硅酸盐水泥，在注浆过程中，用搅拌机不停顿地缓慢搅拌，搅拌时间不小于浆液的初凝时间，浆液在泵送前需要用筛网过滤。同时，注浆前应进行注浆试验。

注浆方法采用跳孔间隔注浆的方式，按先外围后内围的顺序进行的施工。对渗透系数相同的土层，首先应注浆封顶，然后自下而上进行注浆；对于渗透系数随深度增加而增加的土层，则宜自下而上注浆；对于互通地层，先对渗透性或孔隙率大的地层进行注浆。

袖阀管每隔35 cm为一环注浆孔，即为一个注浆段，止浆塞采用双塞系统，一套塞子包含一环注浆孔。注浆时，要分段注浆，达到设计注浆压力后，注浆流量小于1 L/min时，即可结束注浆工作。

（2）袖阀管施工参数。

袖阀管施工参数表见表5.8。

（3）袖阀管施工的注意事项。

①要重点保护袖阀管预埋注浆管以便能重复注浆，进浆速度为30～70 L/min，可根据现场施工情况进行适当调整。

②应密切监控房屋基础变位情况，一旦发现变位过大，应立即停止注浆，分析原因

表 5.8　袖阀管施工参数表

项目名称	内容	工作参数	备注
注浆孔直径	91 mm	—	
袖阀管外径	52 mm	—	
注浆方法	常规方法	注浆深度	2m 至孔底
注浆参数	水泥用量 /kg	200	每延米
	黏土粉用量 /kg	20	每延米
	水玻璃质量分数 /%	2	每延米
	泵压 /MPa	1.5~2.5	
	水灰比	1∶1	暂定
	注浆量 /(L·min^{-1})	30~40	
	注浆次数 /次	1	

注：以上参数仅供参考，注浆量与注浆深度围根据注浆试验具体情况确定。

再进行下一步工作。在注浆过程中，若发现有基础隆起现象，应降低注浆压力或采用间歇注浆方法，直到停止注浆。

③要随时观察注浆压力及注浆泵排浆量的变化，分析注浆情况，防止堵管、跑浆、漏浆。做好注浆记录，以便分析注浆效果。

④注浆结束条件：注浆各孔段均应达到设计要求，稳定10 min后，进浆速度为开始进浆速度的1/4。

⑤钻孔不得采用清水钻进，以免造成孔壁局部坍塌。坍塌处会形成大鼓包，使该处的开环压力增大，甚至不能开环。应对钻孔护壁泥浆进行专门管理，因质量较差的护壁泥浆会形成厚而松软的孔壁泥皮，套壳开环后可能成为浆液上串的通道。

⑥钻孔要保持垂直。如钻孔偏斜较大，会使同一断面处的套壳厚薄不等，导致形成很不均匀的开环。

⑦严格按配合比配制套壳料。根据地层调整套壳料的配合比，高强度套壳料不利于开环，低强度套壳料却容易使浆液向上串冒浆。

⑧袖阀管埋设时，接管抹胶水后要等上30 s，再放下一节管，以防袖阀管接头处松动、开裂和倾斜，导致止浆塞不易上下，甚至不能拔出。

⑨钻孔布置应注意避开管线，亦不能破坏既有基础。在施工过程中，需注意注浆对地下管线的影响。

（4）盾构段与暗挖段相接区域处理措施。

如图5.34所示，在盾构法与矿山法隧道接口段6 m范围内，土体开挖分上、下台阶进行。首先开挖上台阶至分界里程后，喷射C25早强混凝土封闭掌子面，厚度为1 m。再开挖下台阶至分界里程，采用喷射C25早强混凝土封闭掌子面。

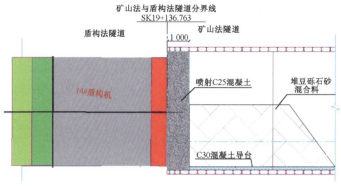

图 5.34　交界处混凝土墙纵剖图

5.4.4　横通道施工

左线人防工程的处理需要通过两线之间的横通道进行。横通道开挖时，应力集中风险比较高，异形断面施工难度大。为此，开挖应严格按照矿山法施工规范要求施工，采用台阶法预留核心土的开挖方式。初期支护必须及时封闭成环，循环进尺不得大于50 cm，中间设临时仰拱，端头用初期支护封闭。横通道剖面示意图如图5.35所示。

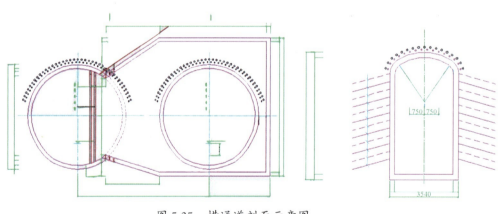

图 5.35　横通道剖面示意图

1. 横通道马头门施工

（1）超前支护。

在开挖轮廓线外拱顶150°范围内，打设17根 ϕ108 mm大管棚，环向间距0.3 m，管棚长度为6 m，管棚之间打设 ϕ42 mm注浆小导管。打设管棚和小导管时，采用水钻引孔，避免碰到初期支护型钢格栅和正线的大管棚，如图5.36所示。

（2）正线初期支护加固。

在已开挖成型的右线隧道中，使用I25b型钢搭设两榀门字形钢架梁，用于临时加固支撑。第一榀型钢支撑框架梁与右线线路中线的距离为900 mm，两榀门字型钢的中心间距为300 mm。

（3）马头门施工。

①分步破除横通道处右线左侧初期支护喷射混凝土和型钢格栅。先按照横通道断面尺寸在喷射混凝土表面画出轮廓线，测量密排三榀钢架的范围，即横通道截面上、下部分初期支护混凝土。然后切割已经暴露的支护型钢，并及时架立横通道首榀型钢钢架，使首榀钢架与正线切除的各榀钢架焊接牢固。

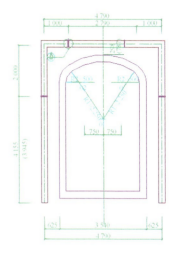

图5.36 门字形框架梁加固示意图

②待首榀型钢钢架上、下部焊接牢固，并与正线初期支护形成整体后，开挖横通道的上部和下部需要联立两榀钢架距离的土方，并及时架立两榀型钢钢架，然后，将三榀型钢格栅纵向用$\phi22$ mm螺纹钢筋焊接连成整体，控制纵向连接筋环向间距为1 m，再用C25喷射混凝土将上、下开挖面封闭。

③按照开挖循环进尺距离，依次对中间剩余部分的初期支护混凝土和型钢钢架进行破除和切割，开挖土方。每开挖0.5 m，及时架立型钢钢架，并用$\phi22$ mm螺纹钢筋焊接连成整体，纵向连接筋环向间距为1 m，内外交错布置。然后喷射C25早强混凝土封闭，直至完成五榀钢架，方可进入横通道，按照台阶法预留核心土施工。

由于正线为圆形断面，首榀钢架距离正线开挖轮廓线设置为2.85 m。按照横通道的钢架尺寸，其直墙钢架将侵入盾构隧道范围，影响盾构掘进施工。有影响的型钢钢架共有7榀，在左线矿山法和横通道开挖完成并回填后拆除。同时，拆除右线两榀临时支撑框架梁，以确保盾构空推顺利实施。

2. 横通道施工

横通道设计为纵向"喇叭口"形状的马蹄形断面，最小开挖高度为5.685 m，最大开挖高度为9.351 m。7 m以内按两台阶开挖，7 m以上按三台阶法开挖，上台阶预留核心土施工，在断面逐渐加高至7 m后再加设临时仰拱。土方开挖施工时，上台阶拱部需要向上挑挖，下台阶底部需要向下深挖，直至达到设计尺寸要求。

台阶开挖采用短台阶法，先进行上台阶开挖，采用人工开挖法。台阶纵向长度控制在3~5 m。掌子面按1:4放坡开挖，环形开挖中间预留台状核心土，核心土高度由洞室高度确定，距左右初支0.8 m，沿横通道掘进方向长度为1.5 m，面积不得小于断面的1/2。核心土的形状在保证维持掌子面稳定的前提下，兼作为工作平台，方便于进行型钢钢架安装和喷射混凝土操作。开挖过程中，用激光指向仪控制开挖中线及水平标高，确保开挖断面圆顺。开挖轮廓线应充分考虑施工误差、预留变形和超挖等因素的影响，不得欠挖或超挖。

上台阶开挖后，先喷3 cm厚C25早强混凝土，封闭拱部裸露面。安装拱部型钢钢架，钢架拱脚处用木楔将拱脚与土层顶紧，并在每榀钢架的每边拱脚处打设2根锁脚中空注浆锚杆。锚杆下倾角为30°，长度3 m。右侧洞门环范围内的锚杆需要拔除，可将锁脚锚杆缩短至1.5 m，以便于下一步洞门环内初期支护拆除时拔出。中空锚杆注浆浆液采用1∶1单液水泥浆固结，锚杆尾部用L筋与型钢钢架翼缘焊接牢固。钢架之间纵向采用$\phi22$ mmHRB400钢筋焊接为整体，环向间距1 m，内外交错布置。钢架间铺设一层$\phi8$ mmHPB300@200 mm×200 mm钢筋网。上述工序完成后，复喷C25早强混凝土至设计厚度，形成初期支护。

中台阶和下台阶以小型挖掘机开挖为主，人工修整边缘为辅，严格控制开挖进尺。每开挖一个0.5 m循环进尺，及时架立型钢钢架，挂钢筋网，并喷射混凝土封闭。

3. 封端

当横通道开挖至端头时，要及时架立最后一榀型钢钢架。在全断面内架立横向连接型钢，型钢采用I20a工字钢，并与最后一榀工字钢焊接牢固。型钢间距为750 mm，全断面挂双层$\phi8$ mm@200 mm×200 mm的钢筋网片，打设$\phi25$ mm中空注浆锚杆，长度为3 m，锚杆间距为750 mm×750 mm，采用梅花形布置，喷射C25早强混凝土，厚度为270 mm。施工时，应按照台阶所开挖的顺序及时进行封端，即上台阶开挖完成后立即封闭上台阶掌子面；中台阶施工完成后，立即封闭中台阶掌子面；最后完成下台阶掌子面的封闭。

5.4.5 左线矿山法施工

1. 马头门施工

横通道施工完成后，用I18工字钢加工两个洞门钢环，其结构尺寸与正线初期支护型钢钢架一致。上半圆为2个标准节，长度为3 555 mm，下半圆由2个3 590 mm和1个3 725 mm的节段组成。

（1）大里程洞门施工。

在横通道右侧隧道范围内，从上至下依次破除初支混凝土和切除横通道边墙型钢钢架，破除范围大小需要按照型钢钢架节段大小分块确定。先破除初支混凝土，然后切割钢架，同时将废弃锚杆拔除。每完成一个节段初支的破除，须及时安装相应节段的型钢钢架，并与已切割的横通道边墙初支钢架焊接牢固。然后，分左右同步依次拆除单元2节段范围的初支，并及时安装节段型钢钢架，将节段钢架与已切割的初支钢架焊接牢固。最后，破除剩余部分初支，安装底部节段型钢钢架并焊接牢固，分层素喷混凝土250 mm厚封闭掌子面。

（2）左侧洞门施工。

在需要人工破除既有人防工程的一侧（即左侧），先进行上半圆环的马头门施工。当首榀上半圆环施工完成后，按照台阶法预留核心土施工方法，开挖两榀型钢钢架间距长度，联立两榀型钢钢架，与首榀钢架形成密排的三榀钢架，长度为600 mm。这些钢架纵向采用ϕ22 mmHRB400钢筋焊接为整体，环向间距为1 m，内外交错布置。当上半圆型钢钢架安装完成后，在连接板上方靠近钢架打设2根ϕ25 mm中空注浆锚杆作锁脚锚杆，锚杆长度为3.5 m，及时注入1∶1纯水泥浆。锚杆与钢架用"L"形钢筋进行焊接，使上半圆钢架整体受力良好。然后，再挂ϕ8 mm@200 mm×200 mm钢筋网，并喷射C25早强混凝土，厚为270 mm，完成上台阶马头门施工。当上台阶按照预留核心土施工方法开挖至洞口5 m时，开始进行下台阶马头门施工。依次破除下半圆左、右两侧单元2节段范围的初支，及时安装单元2节段型钢钢架并焊接牢固。最后，拆除剩余部分初支，安装底部节段型钢钢架，并与已切割的边墙钢架焊接牢固。

2. 正洞施工

（1）超前支护。

在横通道内打设ϕ78 mm管棚，管棚长度为18 m，每节钢管长度分别为1 m或2 m，采用套丝连接，相邻管棚之间的接缝错开。管棚打设采用一次性跟管钻孔技术，管棚设置在开挖轮廓线外0.35 m处，环向间距为300 mm，具体施工工艺见5.4.2节超前支护施工。

（2）土方开挖。

土方开挖采用短台阶预留核心土施工方法。上、下台阶以圆心为分界点，上台阶采用人工开挖，下台阶采用小型挖机开挖。台阶长度为3~5 m，开挖循环进尺为0.5 m，每开挖一环及时支护型钢格栅、挂钢筋网、喷射C25早强混凝土。格栅钢架采用I18工字钢弯曲制作而成，钢筋网片为ϕ8 mm@200 mm×200 mm钢筋网，喷射混凝土厚为270 mm。在上台阶钢架底脚处，打设2根ϕ25 mm中空注浆锚杆，锚杆与钢架采用"L"形钢筋焊接牢固。

（3）人防工程破除。

既有人防工程材质为混凝土，强度最高可达到50 MPa，破除难度较大。为减少破除对地面的振动干扰，采用机械破碎和静态爆破两种破除方式。

（4）封端。

人防工程破除完成后，隧道暗挖最后一道工序就是封闭掌子面。掌子面是下步盾构穿越的关键，开挖过程中，随着上半圆断面的开挖结束，随时将上台阶的掌子面用C25素混凝土喷射封闭。下台阶掌子面与最后一环初支同步完成，并用C25喷射素混凝土进行封闭。

5.4.6 左线及横通道回填

左线隧道开挖并封端完成后，采用由里向外的后退式回填方式，对矿山法隧道左线及横通道进行人工回填。回填材料为开挖土体装编织袋，人工扛运到回填地点，人工堆码。空隙采用砂进行填充，填充密实不得有空洞存在。由于隧道和通道开挖断面较大，回填采用分台阶的方式进行，台阶高度不得超过1.5 m，台阶宽度不小于2 m。矿山法隧道回填示意图如图5.37所示。

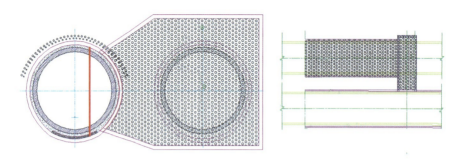

图 5.37 矿山法隧道回填示意图

当横通道回填至横通道口时,暂停通道的回填工作.待右线空推至回填通道口时,拆除右线通道口的框架梁加固支撑,以及通道口处影响盾构推进的通道边墙七榀支撑钢架。同时,回填右线与通道口,并封闭横通道口,完成了通道回填。

5.4.7 盾构机空推过矿山法隧道施工

1. 断面测量

当盾构机沿矿山法隧道轴线推进时,可能因盾构姿态欠佳、矿山法隧道欠挖等原因造成刀盘与矿山法隧道初支相撞。严重时,可能产生刀盘因局部受力而变形、盾体被隧道初支卡死、隧道初支被刀盘破坏等情况。因此,在盾构机进入矿山法隧道之前,应采用全站仪对矿山法隧道进行全断面复测,其目的如下。

(1)检查矿山法隧道初支净空尺寸偏差、断面是否符合设计要求,凡欠挖断面一律提前凿除,并复喷混凝土后进行整平处理,以满足盾构空推施工要求。

(2)检查矿山法隧道轴线偏差是否符合设计要求,以确保盾构空推完成后的隧道轴线偏差满足设计要求。

(3)先分析矿山法隧道初支净空尺寸偏差、椭圆度、轴线平面位置偏差及标高偏差等数据。再通过数据拟合,确定与隧道设计轴线偏差最小的盾构空推施工轴线。最后,计算出导台施工放样数据,确定导台轴线、标高与图纸设计的隧道轴线偏差不超过 5 mm。

在矿山法隧道初期支护结束、盾构导台施工开始前,应对隧道进行完工验收、复核。重点包括隧道的中线和高程、超挖值、喷射混凝土质量等的验收,特别要对隧道断面进行一次联系测量,形成矿山法隧道完工测量成果,为盾构顺利空推提供数据。

2. 导台施工

根据施工图,在矿山法隧道初支仰拱60°范围内,施做半径为3 350 mm(内弧)、厚度为150 mm的圆弧形钢筋混凝土导台。混凝土标号为C30。

为保证浇筑后弧线平顺、弧面平整,采用混凝土拉模浇筑,模板采用I22a型钢,两侧

导轨采用 ϕ20 mm圆钢,如图5.38所示。

导台浇筑顺序从盾构段与暗挖段交接处向博物馆站方向浇筑,每段长为25 m。导台圆心要与隧道中心重合,沿隧道轴线方向的纵坡与隧道纵坡一致。在盾构导台施工完成后,应进行校核,对导台弧面、轴线、高程等进行验收,准确无误后,方可进行盾构空推施工。施工完成后,对导台结构进行复测,对不符合要求的部位进行处理,以免盾构机空推时盾构姿态起伏不定,影响管片拼装质量。在盾构机前端,将导台引入刀盘15~20 cm,确保盾构机能准确登上导台面。

图5.38 导台施工示意图

3. 拆除边缘刮刀

为防止盾构空推过程中刀盘边缘刮刀磕碰导台,导致导台破损,盾构空推前应拆除边缘刮刀。由于盾构机空推向前掘进会导致刀盘前方反力不足,应采用槽钢拉紧后方15环管片。

4. 空推回填料

在盾构机空推过矿山法隧道前,应在刀盘前方堆存豆砾石及砂混合料(导台范围内回填砂土)。堆载体长度约为6 m,混合料用量约为103 m³,填充标准按照圆形隧道直径平均超挖10 cm考虑。矿山法隧道净空直径为6 500 mm,管片外径为6 000 m,每环填充量约为6 m³。故盾构通过矿山法隧道147.6 m需要的回填豆砾石及砂混合料总量大约为840 m³。

豆砾石及砂混合料采用搅拌机拌和均匀,自工人文化宫站通过电瓶车运至博物馆站内,再采用反铲装三轮车运输至暗挖隧道内进行堆填。在豆砾石堆填面布设一台反铲,当回填料不足时,及时补充堆填;当超填时,采用反铲清除部分填料。

5. 空推推力计算

空推推力必须满足两个要求,一是大于止水条的最小挤压力(3 000 kN),以保证隧道的防水效果;二是不能过大,避免刮坏导台,撞上初支面,出现安全问题。

由于隧道是采用矿山法先行开挖支护后,在刀盘前方回填混合料以提供反力,因此计算时,按全部松土压力作用于刀盘面板上,并且在矿山法开挖支护后没有水作用于盾体的情况进行考虑。刀盘前方混合料长度大致为半断面堆填6 m,则盾构机的反作用力计算如下。

① 推进时混凝土导台对盾构机的摩擦阻力:

$$F_1 = \mu_{摩} \times W_g = 0.3 \times 5\,448.8 = 1\,634.64\,(\text{kN})$$

式中，W_g为盾构及附属物总重力，取5 448.8 kN；$\mu_摩$为摩擦系数，取0.3。

② 回填豆砾石受到的摩擦阻力：

$$F_2 = \mu_摩 \cdot (\frac{\pi D^2}{4}) \cdot L \cdot \gamma_土 \cdot g \cdot K = 0.3 \times (3.14 \times \frac{6.25^2}{4}) \times 6 \times 1.86 \times 9.8 \times 0.83 \approx 835 \text{（kN）}$$

式中，L为回填豆砾石的长度，取6 m；K为土的松散系数，取0.83；$\gamma_土$为豆砾石的重力作用密度，取1.86 kN/m³；D为盾构机的直径6.25 m。

③ 盾构支撑土体所受的轴向阻力：

$$F_3 = S \cdot P = (\frac{\pi D^2}{4} \times \frac{1}{2}) \cdot \gamma_土 \cdot g \cdot \frac{D}{2} \cdot K_g = (\frac{3.14 \times 6.25^2}{4} \times 0.5) \times 1.86 \times 9.8 \times \frac{6.25}{2} \times 0.39 \approx 340.61 \text{（kN）}$$

式中，S为盾构机截面积；P为盾构中心土压力；K_g为土的侧压力系数，取0.39。

④ 盾尾刷与管片之间的摩擦阻力（以2环管片计算）：

$$F_4 = \mu_摩 \times 2 \times W_管 = 0.5 \times 2 \times 158 = 158 \text{（kN）}$$

式中，摩擦系数$\mu_摩$取0.5；每环管片重力$W_管$取158 kN。

⑤ 后配套台车的牵引阻力：

$$F_5 = \mu_摩 \times W_拖 = 0.5 \times 1\,932 = 966 \text{（kN）}$$

式中，摩擦系数$\mu_摩 = 0.5$；后配套拖车重力$W_拖$取1 932 kN。

因此，土压平衡掘进时提供盾构反作用力总计：

$$F = F_1 + F_2 + F_3 + F_4 + F_5 \approx 1\,634.64 + 835 + 340.61 + 158 + 966 \approx 3\,934.25 \text{（kN）}$$

其中，F>止水条挤压力3 000 kN，故前方堆混合料满足管片止水要求。

6. 盾构空推

（1）盾构机空推参数控制。

盾构在导台上空推时，采用敞开模式推进。推进过程中，密切注意盾构机刀盘周边与初衬、成环管片与盾尾间的间隙。推力控制为300～600 t，速度在20 mm/min以内。由于盾构机空推时推力较小，千斤顶油压低，因此在盾构机推进时，每个分区仅需采用1台千斤顶顶在管片上，以控制推进过程管片的变形。

（2）管片拼装。

盾构空推过矿山法隧道时，管片拼装采取错缝拼装方式。管片拼装工艺与正常掘进时的工艺相同。在管片选型时，注意根据盾尾间隙、推进油缸行程及盾构机姿态合理选择管片拼装点位。

（3）螺栓复紧。

由于盾构到矿山法隧道时推力较小，空推前最后几环管片环与环之间连接得不够紧密，因此，需做好后15环管片的螺栓紧固和复拧紧工作。

管片安装完成后，及时做好管片螺栓的三次复紧工作。在管片拼装成环时，对螺栓逐片初次拧紧；脱出盾尾后再次拧紧；当后续盾构掘进至每环管片拼装之前，对相邻已成环的3环范围内管片螺栓进行全面检查并复紧。

(4)管片定位。

为保证管片拼装质量,防止拖出尾盾的管片上浮、下沉和扭转,应对管片进行定位处理。采用风动凿岩机通过管片吊装孔先进行引孔,孔深约为80 cm,然后,用风动凿岩机将80 cm长的钢钎打入引好的孔内,并利用快干水泥封堵连接钢钎与管片吊装孔。钢钎选用32 mm的螺纹钢。每3环做一次管片定位,定位点选在管片2、4、8、10点位的四个吊装孔处。

(5)喷射混合料。

在空推过程中,及时回填管片与矿山法隧道初支面的间隙。豆砾石及砂混合料在工人文化宫站搅拌站拌和,用电瓶车拉运至博物馆站内,再采用农用三轮车转运至矿山法隧道内。采用混凝土喷射机从刀盘前方向管片背后吹入粒径为5~10 mm的豆砾石及砂混合料,填充在管片与隧道初期衬砌之间的间隙。豆砾石及砂混合料堆喷射管路固定在盾体上方2、10、12点位处,采用的喷管为直径56 mm,长9 m的钢管,如图5.39所示。

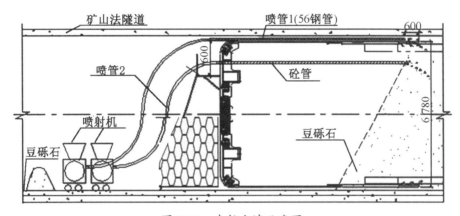

图 5.39 喷射吹填示意图

喷射机置于刀盘前方,气管经人舱连接至盾构机的空压机。盾构机向前推进时,派专人在盾构机前方检查,主要监控矿山法隧道是否有欠挖,检查盾构机周边回填豆砾石及砂混合料与浆液是否泄漏,检查导台是否有破损或盾构机是否偏离导台,发现异常情况通过与盾构机操作手沟通,确保配合密切。

(6)同步注浆。

盾构空推时,进行同步注浆作业。初支与管片间填充豆砾石及砂混合料,孔隙率按碎石自然堆积考虑,约为40%。每环初支与管片间填充的豆砾石量约为7 m³,豆砾石及砂混合料间孔隙采用同步浆液回填,每环同步注浆量约为2.8 m³。在同步注浆过程中,同步注浆压力根据现场实际情况严格控制,以浆液不串入前方包裹盾体为准,一旦发现刀盘前方有浆液冒出,立即停止同步注浆。同步注浆滞后管片拼装4、5环,利用管片吊装孔进行注浆。水泥砂浆配比表见表5.9。

表 5.9　水泥砂浆配比表

编号	材料名称	每立方米用量 /kg
1	水	312
2	细砂	880
3	水泥	200
4	粉煤灰	400
5	膨润土	50
6	减水剂	5

（7）二次注浆。

豆砾石及砂混合料回填后存在不饱满现象，在管片脱出盾尾10～15环后进行补注双液浆，以确保初支与管片间隙填充密实。注浆压力控制在0.2～0.3 MPa之间。

7. 盾构机姿态控制

在施工过程中，管片上浮等各方面因素会影响测量后视镜的精确度，故在推进一段距离后，必须对测量托架仪器站和后视棱镜平面坐标和高程进行精密的人工复核测量，同时对盾构机姿态进行人工精密测量，以保证盾构推进姿态的精度。

在盾构推进至盾构到达范围时，需对盾构机的位置进行准确的测量，明确成洞隧道中心轴线与隧道设计中心轴线的关系，同时对接收洞门位置进行复核测量，确定盾构机的贯通姿态及纠偏计划。

在考虑盾构机的贯通姿态时，注意以下两点：一是盾构机贯通时的中心轴线与隧道设计轴线的偏差；二是接收洞门位置的偏差。综合这些因素，在隧道设计中心轴线的基础上进行适当调整。纠偏要逐步完成，每一环纠偏量不能过大。盾构机到达前50 m地段，要加强盾构姿态和隧道线形测量，及时纠正偏差，确保盾构顺利地从到达口进入。此处，需根据实测的车站洞门位置调整隧道贯通时的盾构机刀盘位置。隧道贯通时，其刀盘平面偏差允许值：平面允许偏差≤±20 mm、高程允许偏差≤±50 mm，盾构坡度较设计坡度略大0.2%。

8. 盾构机到达接收措施

当盾构机空推至洞口处时，因刀盘前端反压料无法堆积，故千斤顶推力将逐渐减少，千斤顶施加在管片上的力也相应减少。因此，此处若干管片连接得不够紧密，存在较大缝隙，影响注浆质量，从而导致渗水，需采取以下对应措施。

（1）由于盾构到达时推力较小，所以洞门附近的管片环与环之间连接不够紧密。为此，要做好后15环管片的螺栓紧固和复拧紧工作。安装管片完成后，用风动扳手拧紧所有纵向和横向螺栓，且在下一环掘进至1.2 m左右时，再次紧固螺栓。

（2）严格按照操作规程拼装管片，同时防止管片之间出现错缝、台阶差。

(3）管片安装前，应确保止水条不损坏、不预膨胀，并及时清理干净管片上的注浆掉落的渣土和砂浆等。

（4）在相应的吊装孔上安装管片吊装头，并通过槽钢将吊装头连接起来，拉紧后15环管片，使后15环管片连成整体，防止管片松弛而影响密封防水效果，如图5.40所示。

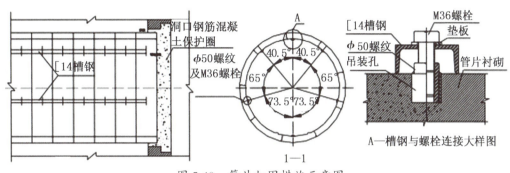

图5.40 管片加固措施示意图

（5）管片定位。

在盾构到达过程中，刀盘前方反力逐渐消失，为保证管片拼装质量，防止拖出尾盾的管片上浮、下沉和扭转，应对管片进行定位处理。

5.4.8 文物保护

博物馆站小里程端头存在两处重点文物保护建筑（颐园街1号革命领袖视察黑龙江纪念馆、颐园街3号哈尔滨犹太人活动旧址群——斯基德尔斯基故居），这两处建筑均为国家级一级文化保护建筑，施工过程中应加强监测保护。根据设计图纸要求，区间施工前，在区间与保护建筑间（革命领袖视察黑龙江纪念馆）设置刚度较高的隔离桩（三排旋喷桩 $\phi 600$ m@450 m），以隔断隧道掘进变形对文物保护建筑的影响，确保结构的安全。

革命领袖视察黑龙江纪念馆周围的隔离桩采用双管旋喷桩预加固处理。加固长度为91 m，打设3排，每根长度为20 m，加固后的土体应有良好的均匀性、密封性和自立性，并达到如下指标：28 d无侧限抗压强度不小于0.8 MPa，渗透系数$\leq 1 \times 10^{-7}$ cm/s。

根据设计图要求（哈尔滨犹太人活动旧址群——斯基德尔斯基故居）采用袖阀管应急注浆加固。盾构施工前，须预先在建筑周边埋设袖阀管，待盾构通过时根据监测数据，若显示出现异常，应及时进行跟踪注浆。在哈尔滨犹太人活动旧址群——斯基德尔斯基故居周围，采用三排 $\phi 1.5$ m@1 m袖阀管注浆加固，袖阀管单根长16 m，垂直地面埋设，加固范围长度约为50 m。

5.5 盾构穿越锚管(索)群

5.5.1 技术背景

中—尚区间为双单洞单线隧道,左线起自中央大街站大里程端,沿经纬街敷设,终至尚志大街站小里程端。区间隧道左线起讫里程为SK16+988.813～SK17+708.800,全长719.987 m,采用外径6 m圆断面隧道的盾构法施工。隧道左侧的经纬360大厦为30层框架结构,距区间左线隧道边线7.5 m,地下两层为停车场,负一层顶板距负二层底板高度为10.5 m,基础形式为桩基础,靠近经纬街侧承台下桩顶标高为−12.05 m。

经人工挖探、雷达探测、地质钻机与旋挖钻机钻探等方式进行物探,发现经纬360大厦有大量锚管侵入左线隧道。通过调查走访与物探成果综合分析表明,经纬360大厦基坑按照1:0.2放坡开挖,采用4层锚管垂直边坡与水平方向成15°支护,锚管间距2.5 m,以梅花形布置。第一层埋深3.5 m,第二层埋深6 m,第三层埋深8.5 m,第四层埋深11 m,每层锚管长度均为18 m,直径75 mm,壁厚5.5 mm,材质为Q345B钢管。钢管是刚性材质,强度高、韧性强、管壁厚,盾构刀具切削或挤压破坏难度大。

隧道从第440环位置开始进入第四层锚管区域,隧道顶部覆土深度为13.3 m;从508环位置开始,盾构机刀盘同时进入第三层与第四层锚管区域,隧道顶部覆土深度为11.4 m;直至549环,盾构机刀盘脱离锚管区域,隧道顶部覆土深度为10.5 m,影响范围约130 m。侵入左线隧道范围的第四层锚管共53根,第三层锚管共23根,合计76根,如图5.41所示。

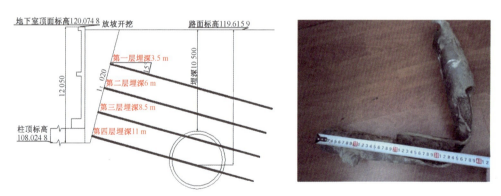

图 5.41 经纬360大厦锚管示意图

5.5.2 方案比选

针对大量锚管侵入隧道线路的情况,先后研究了四种处理方案。方案一:地面预加固盾构直接掘进方案;方案二:明挖法清障方案;方案三:旋挖清障方案;方案四:建筑物肥槽锚管拔除方案。方案一、方案二费用高、工期长,对已完右线隧道影响较大,且方案一风险大,易造成地面塌陷和设备故障。方案四因肥槽已经回填,取土空间狭小,拔管对建筑物影响较大,操作空间受限。经过多轮研究论证,最终采用方案三。该方案安全可靠,不仅清障效率高、效果好,而且对周边环境影响最小。

5.5.3 旋挖钻清除锚管

采用型号SR250旋挖钻机对经纬360大厦锚管区域进行地面清障,以确保施工完成后,能够将盾构区间隧道范围内的障碍物彻底清除,为后续盾构掘进降低风险。为防止钻孔过程中塌孔扰动地层,需采用高质量膨润土泥浆护壁钻孔,并采用跳孔间隔施工的方法。待施工孔位砂浆回填完成并达到70%强度以上后,方可进行相邻钻孔的开钻。清障施工计划采用3台旋挖钻机成孔,每台设备每天可完成4孔的施工,计划61天完成清障工作。

1. 清障孔设计

根据盾构穿越钢管土钉区域设计钻孔位置,统一编号,以防遗漏,给盾构掘进带来困难。其中,纵向钻孔直径为800 mm,间距为750 mm,咬合宽度为50 mm,编号依次排序为1#、2#、3#……横向钻孔直径为800 mm,间距为1 300 mm,仅在纵向有钢管处进行编号,在纵向编号的基础上添加子序号作为横向孔位编号,如1-1#、1-2#、1-3#、1-4#、2-1#、2-2#……所有钻孔深度为隧道底外轮廓线下500 mm,以确保切断的钢管被旋挖钻压入盾构隧道外,不影响盾构掘进,如图5.42所示。

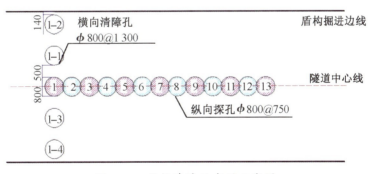

图 5.42 旋挖清障孔布置示意图

2. 旋挖钻探钢管

(1)钻机钻斗选择:选用大功率旋挖钻机,其应配备筒式双底板双门钻斗,且装齿为具有高强耐磨的合金截齿。同时,其动力输出扭矩大于250 kN·m,旋挖钻型号可选用SR250型,钻头直径为800 mm。

(2)钻探:先在隧道中心线位置纵向钻孔,以探明钢管具体位置,并做好钻孔情况记录。为防止旋挖钻施工时,相邻两孔施工距离太近或间隔时间太短而导致塌孔,采取分批跳孔施作的方法。在纵向旋挖钻探孔施工时，按"隔三钻一"的成孔法，先钻1#、5#、9#、13#……然后钻3#、7#、11#，最后钻咬合孔2#或4#、6#或8#、10#或12#，依次类推。当钻孔遇到钢管时，记录好钢管的具体位置，包括孔位编号和埋深，然后绘制横剖面图。接着，使用旋挖钻机将钢管切、扭断，将断后的短节钢管直接压入隧道底500 mm以下。

3. 横向切断钢管

在纵向钻孔确定钢管具体位置后，对隧道影响范围内的钢管进行横向切断处理。横向钻孔采取左右交替钻孔的方式，先钻左侧（右侧）一孔，再钻右侧（左侧）一孔，后钻左侧（右侧）另一孔和右侧（左侧）另一孔。横向钻孔净间距为500 mm，其长度要足以让切断后留在隧道内的钢管通过盾构排出舱外。剩余边缘部分的钢管可依靠盾构的推力将其推入两侧的岩土中。钢管切断是利用大功率且配备齿形高强合金钻头的旋挖钻，通过钻头的反复切削、旋转，依靠旋挖钻机的扭力将钢管切断、扭断。由于钢管刚度大、没柔性，无法缠绕在旋挖钻钻头上，因此无法直接取出。旋挖钻机切断后约800mm长的短节钢管层直接压入隧道底部轮廓线外500 mm以下，留下的500 mm长短节钢管可通过盾构机的掘进排出，而剩余两侧受影响的边缘钢管则可通过盾构机的推力将其推挤到岩土中。

4. 旋挖钻孔

（1）埋设钢护筒：护筒采用厚为4~6 mm的钢板焊接，其直径为1.0 m，长度为1.8~2.0 m，埋深大于1.5 m，且高出原地面30 cm。人工开挖时，挖坑直径比护筒大0.2~0.4 m，坑底深度与护筒底平齐且需平整。护筒上设置2个溢水口。在埋设护筒时，确保护筒中心与成孔中心重合，偏差不得大于20 mm。同时，应严格保持护筒的垂直度偏差不大于1%，其顶部应高出地面0.3 m。

（2）钻进时，要边钻进边注入泥浆护壁，泥浆比重应控制在1.1~1.3，胶体率不低于95%，含砂率不大于5%。要保持泥浆面始终不低于护筒顶下0.5 m，钻进过程中随时检测垂直度，并随时调整。成孔后，泥浆比重控制在1.25以内，同时做好记录。

5. 钻孔回填

钻孔完成后，利用低标号砂浆进行回填，砂浆标号为M5。为加快凝结速度，在砂浆中添加早强剂，其配合比为水泥∶砂∶水∶外加剂=195 kg∶1 500 kg∶275 kg∶5.85 kg。回填时，砂浆灌注采用导管法进行水下灌注施工。钻孔回填注意以下事项。

（1）导管壁厚不宜小于8 mm，直径为273 mm，直径制作偏差不宜超过2 mm，需采用无缝钢管制作。导管的长度应分节制作，每节长度为1.5~2 m，两节之间用法兰接头，底管长度不小于6 m。

（2）在回填前，储料斗内必须有足够的砂浆，使导管的底端能一次性埋入砂浆中

1.5 m以上的深度砂浆储存量。

（3）随着砂浆的上升，要适时提升和拆卸导管。导管底端埋入砂浆面以下，一般保持在2~4 m范围内，不宜大于6 m，并不得小于1.5 m。

（4）为防止盾构掘进过程中的泡沫或膨润土冒出地面，砂浆回填至孔顶2 m范围时，采用插入式捣固棒将其振捣密实，尤其是孔壁处需要加强振捣。

（5）在回填过程中，砂浆回填应连续进行，不得中断。同时，要有专人负责测量导管埋深，并填写好砂浆回填记录表。

5.5.4 盾构掘进

旋挖钻机横向切断钢管后，留在隧道内的500 mm长短节钢管需要通过盾构机掘进排出，剩余两侧有影响的边缘钢管要借力盾构机的推力推入岩土中。

大量钻孔回填砂浆相当于对富水砂层地质进行了一次弱加固，起到一定的隔水作用。在盾构掘进过程中，要加强对渣土的观察，随时测量渣土温度，避免结泥饼现象，同时做好渣土改良，确保排土顺畅，收集和观察短节钢管的排出情况。

在盾构掘进过程中，要严格控制盾构掘进参数，盾构掘进参数的具体情况如下。

推力为13 000~18 000 kN；扭矩为1 500~2 000 kN·m；掘进速度为20~30 mm/min；贯入度不大于20mm；土仓压力为1.5~2.5 bar；同步注浆压力为3.5~5 bar；注浆量为理论值的180%~200%；浆液配比为每立方米中有水泥180 kg、细砂630 kg、粉煤灰400 kg、膨润土75 kg、水470 kg，凝结时间控制在3~4 h。

掘进过程要加强监控量测，观察路面、临近管线、相邻隧道及建筑物的变形情况；要密切关注盾构机掘进参数的变化情况，如发生异常，则减缓掘进速度，并采取正反转等措施，使短节钢管尽量多地排出土仓，防止短节钢管大量堆积在土舱内。

5.6 双螺旋盾构机防喷涌

5.6.1 渣土改良

土压平衡式盾构需要在盾构密封舱内填满开挖泥土，通过对开挖土体施加压力来平衡开挖面上的水土压力。因此，土压平衡式盾构压力舱内土体的理想状态应为"塑性流动状态"。从土力学的角度分析，这种状态主要具有土体不易固结排水、具有较低的透水率、较低的内摩擦角等特征，其力学指标主要包括渗透系数、内摩擦角、内聚力、坍落度和压缩系数。渣土改良效果好坏直接关系到土压平衡盾构在超厚富水砂层中施工能否成功。渣土改良效果好，螺旋输送机出土顺畅，盾构掘进过程就会顺利；渣土改良效果差，盾构机切削下来的土体无法达到塑性流动状态，导致盾构出渣不畅，可能产生喷涌或结泥饼的情况，严重时会导致地面塌陷、房屋倒塌，危及人民生命财产安全。富水砂层盾构掘进渣土改良的目的包括：①提高土舱内渣土的抗渗透能力，避免开挖面因排水固结而造成较大的地表沉降甚至坍塌事故；②降低土舱内渣土及开挖面土体的内摩擦角，减少渣土对刀盘刀具的磨损，降低刀盘扭矩；③提高土舱内渣土的可塑性，防止渣土黏附在刀盘上结成泥饼。目前，施工中常用的渣土改良添加剂主要有泡沫剂、膨润土和高分子聚合物。

1. 泡沫剂改良

考虑到盾构施工的实际情况，试验中按泡沫剂与水的体积比为3%进行配制，充分发泡后掺入砂土，进行渣土改良坍落度试验。现场试验结果表明，采用体积比为3%、外掺量（添加剂与水拌和后的混合物与土的体积比）为3%~5%的泡沫对砂土进行改良，其坍落度在200~210 mm范围内，和易性较好。

2. 膨润土改良

参考以往施工经验，用钠基膨润土，按质量比（添加剂与水的质量比）为1∶6、1∶7及1∶8分别配制膨润土泥浆，并进行渣土改良坍落度试验。试验结果表明，采用质量比为1∶7、外掺量为8%~10%的膨润土泥浆对砂土进行改良，其坍落度在195~205 mm范围内，和易性及保水性均较好。

3. 高分子聚合物改良

采用质量比为0.3%的高分子聚合物与质量比为1∶7、外掺量为8%的膨润土泥浆混合对砂土进行坍落度试验（由于现场实际施工中，不会单独使用高分子聚合物进行渣土改良，故研究中采用的高分子聚合物改良的土样事先经过了质量比为1∶7、外掺量为8%的钠基膨润土改良）。试验结果表明，当高分子聚合物的外掺量为2%~3%时，其坍落度在195~210 mm范围内，渣土的和易性及保水性均较好。

通过对比现场的坍落度试验结果，确定了泡沫、膨润土和高分子聚合物添加剂的合理配比，即体积比为3%的泡沫、质量比为1∶7的膨润土、质量比为0.3%的高分子聚合物。泡沫可降低导致富水砂性地层的压缩性；膨润土对富水砂性地层的压缩特性有较好的改良效果；高分子聚合物对此类地层的压缩性也有一定的改良作用。掺入泡沫的土体，其渗透系数仅降低了25.45%，说明泡沫对地层的渗透性有一定的改善，但作用不大；掺入膨润土的土体，土样的渗透系数最大降低了63.3%，说明其对改良地层的渗透性有着非常好的效果；高分子聚合物对地层的渗透性也具有较好的改善作用，渗透系数降低了38.5%。泡沫对砂性土的固态微观结构改良基本无作用；膨润土作为细颗粒，能填充砂砾粗颗粒的孔隙，对富水砂层土体微观结构有非常显著的改良效果；而高分子聚合物虽然也有一定的填充作用，但是会将一部分细颗粒胶结成块状大颗粒物质，与致密的土样整体分离。

5.6.2 双螺旋输送机防喷涌处理

土压平衡盾构机在超厚富水砂层施工掘进过程中，若渣土改良效果不佳，易引生喷涌现象。为确保盾构掘进过程中周边环境安全，针对盾构所穿越环境，此项目上采用了两种双螺旋输送机盾构机，一种是搭接式双螺旋输送机，另一种是对接式双螺旋输送机。盾构机在发生喷涌前，螺旋输送机出渣口会出现一些征兆。一旦发现螺旋输送机出渣口有少量的泥浆涌出并有喷涌现象的征兆时，应立即调整两段螺旋输送机的转速，使第2级螺旋输送机螺旋转速小于第1级螺旋输送机螺旋转速，这样，第1级螺旋输送输出的渣土多于第2级，渣土很快在两段螺旋输送机内积聚，形成土塞效应，从而可以有效抑制喷涌现象发生。如果发现出渣口有大量泥浆喷出，应快速将双螺旋输送机停机，改为手动控制，关闭出土口闸门及第1、2级螺旋输送机之间的闸门。然后，通过第2级螺旋输送机底部的泄水闸阀，将第2级螺旋输送机内压力水排出，再打开第2级螺旋输送机的出渣口闸门，使土仓内积水进入螺旋输送机后关闭该闸门。依次循环反复操作，可控制喷涌事故的发生，并提高土舱内压力，使其大于掌子面切口压力20 kPa。

5.7 双氧水化解泥饼技术

盾构机在中、强风化岩和黏土质地层掘进时，挖掘面的黏性土体受到刀盘的碾压，极易在刀盘面和土舱内壁上形成附着的泥饼，坚硬的泥饼会把刀盘开口堵塞，严重降低了盾构机的掘进能力。在盾构施工中，往往受场地和地质条件的制约，不能采取人工开舱清除泥饼的处理措施。在黏土含量较高的地层中，刀盘、刀具结泥饼，会引起盾构扭矩增大，加大了对土体的扰动，从而造成地面塌陷和盾构机刀盘、刀具的磨损。此外，刀盘泥饼与土舱中隔板的长时间摩擦，会导致中隔板等位置的温度快速升高，从而引起回转中心和主轴承橡胶密封件性能的下降，危及盾构施工安全。

5.7.1 技术背景

中—尚区间右线地质结构自上而下依次为杂填土、<2-1-1>粉质黏土、<2-2>粉砂、<2-3>细砂、<2-3-1>中砂、<2-4>中砂和<2-4-2>粉质黏土层。区间洞身穿过地层主要包括<2-3>细砂、<2-3-1>中砂、<2-4>粉质黏土和<2-4-2>粉质黏土层。

2018年7月1日至14日，盾构右线掘进施工至SK17+300.000～SK17+320.000里程时，对土体的扰动较大，地表沉降严重，局部塌陷。这严重影响了万达假日酒店的正常营业和经纬街的交通，需对地面采取注浆加固处理。此时，盾构机掘进参数异常，主要表现为土舱土压传感器数值显著升高、掘进速度明显下降、螺旋机出口的渣土温度过高、刀盘扭矩与总推力波动起伏较大、主轴承温度故障报警，这些问题导致盾构机无法正常掘进，掘进异常参数统计图如图5.43所示。

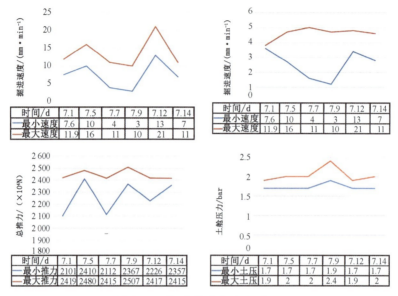

图 5.43　掘进异常参数统计图

结合现场实际和盾构机掘进参数的异常变化，判断出盾构机刀盘结泥饼。考虑到不能占用公共用地、降低安全风险、减少环境污染并确保结泥饼处理的效果问题，采用分散剂进行处理，但效果不佳。经研究，决定采用注入双氧水化解盾构泥饼的技术。此技术可在不开舱的情况下，自动破除泥饼，无须人工处理，规避了人员的安全风险，而且绿色环保无污染，适用于破解顽固性泥饼。

2018年7月15日至20日，运用此法化解顽固性泥饼之后，盾构机掘进速度逐渐趋于正常范围，螺旋机出闸口的渣土温度慢慢降低至正常值，主轴承温度故障报警自动消除，土舱压力趋于正常范围。根据以上现象，判断刀盘上的泥饼已基本清理干净。在实际运用中，坚持精细化管理，安排有经验的盾构司机坚守岗位，直至盾构掘进施工完成，期间并未出现任何异常情况。

5.7.2　产生泥饼的原因

盾构机在黏质土含量高的细砂地层（黏质土质量分数25%以上）、粉质黏土层掘进时，由于土层富含黏土矿物颗粒屑和粉末状颗粒，在刀具的切削和刀盘的冲击下，在土舱内重新聚集而成的半固结和固结状的块状体就形成了泥饼，泥饼形成后，刀盘扭矩和盾构机掘进阻力均迅速增大，螺旋机无法出土，导致盾构机不能正常掘进。

因系统冷却水温度偏高，或是刀盘高速旋转后与周围土体介质摩擦生热，使土舱内温度升高，当温度达到50 ℃以上，对泥饼有"烧结促成"作用。尤其泥饼即将形成时，高扭矩低速度推进会导致刀盘和土舱内渣土温度快速升高，使渣土的含水量低于塑限而达到较高的强度，同时刀盘切削下的渣土不断嵌挤，形成泥饼不断延伸，逐渐发展成顽固性泥饼。

5.7.3 双氧水化解泥饼

在盾构机结泥饼时，可在盾构机停机后利用泡沫系统向盾构土舱和盾构刀盘压注双氧水溶液，对所结泥饼进行浸泡，起到氧化分解的作用。双氧水吸附于凝结土体颗粒的表面形成吸附层，产生氧化分解作用，生成自由基$HO_2·$和$HO·$，进攻泥浆和所结泥饼中的有机质，改变其结构和数量。这会使凝结土体颗粒表面产生排斥力，提高形成立体浸渗效果的加速，让凝结土体表面与水产生较强的亲和力。在上述微观作用力下，凝结土体系均匀分散，从而分解凝结泥饼的聚合力及黏附刀盘的作用力。双氧水与黏性较高的土体进行搅拌混合后，在双氧水产生的排斥力及强力的渗透作用下进入土体内部继续进行氧化分解，可以离散黏性强质土体，降低其黏附性，防止黏性过强的土质黏附刀盘，使其土质处于良好的流塑状态。

1. 双氧水氧化作用化解泥饼机理

双氧水溶液浸泡所结泥饼时会产生氧化分解作用，$H_2O_2 \rightleftharpoons H^+ + HO_2^-$，$HO_2^- + H_2O_2 \rightleftharpoons HO_2· + HO· + HO^-$，生成自由基$HO_2·$和$HO·$进攻泥浆和所结泥饼中的有机质，使凝结土体系均匀分散。

2. 泥浆置换

泥饼产生后，利用盾构机土舱内隔板上的搅拌棒搅拌舱内土体，同时通过空心搅拌棒注入半舱水，继续搅拌，以达到清洗刀盘和土舱、置换泥浆的目的。

3. 双氧水稀释

为了解除刀盘上的泥饼现象，按照原液与水的配比，达到20%～30%的质量分数，均匀搅拌5 min，使其成为黏性溶液即可。通常情况下，每次配置4～6 t的溶液（地层不同的消耗会有所偏差）。

4. 双氧水混合液注入

在盾构机停止掘进时，利用泡沫系统将配置好的双氧水溶液向盾构土舱和盾构刀盘压注，先在刀盘前注入2～3 t，让其浸泡刀盘3 h左右。在此期间，根据地层的状况判断溶液在里面的损失情况，将剩余溶液分次注入，尽量保持刀盘前面的浸泡液面足够高，最好能够将刀盘完全浸泡。

3 h后，将剩余的双氧水溶液分次注入，继续浸泡，同时每0.5 h转动一次刀盘，每次转动10 min。浸泡的时间可依据土质黏性和刀盘的凝结情况来确定，一般8～12 h就可见效，当然，浸泡时间越长，效果越好。

5. 再次置换

高速空转刀盘，一般刀盘转速高于2 r/min，并通过土舱隔板的空心搅拌棒向土舱内注水，使泥饼在离心力的作用下脱落。然后，再次通过土舱隔板的空心搅拌棒向土舱内加注半舱水搅拌，以置换泥浆。经过多次反复循环置换稀释的双氧水，刀盘上的泥饼会逐渐剥离。这种方法较分散剂更好，分解效率更高，对顽固性泥饼有很好的化解作用。

在浸泡刀盘24 h以后，可逐渐恢复掘进。开始时掘进速度要慢一点，观察盾构机的推力、扭矩和螺旋排渣的流塑情况。若这些情况均有好转后，可逐渐恢复正常掘进。

5.8 洞内盾尾刷更换技术

盾尾刷是盾构施工防水的关键部件，由多道钢丝刷和钢板束构成，其间的空隙通过油脂填充达到密封防水效果。在富水砂层地层掘进时，盾尾刷的质量是直接影响盾尾密封及盾尾不发生涌水、涌砂风险的关键。盾尾刷的使用寿命跟注脂及管片姿态紧密关系，如正常使用，寿命一般为2 km。但因盾构机长时间掘进导致盾尾刷与管片之间磨损严重，或操作不当致使盾尾油脂不足，都会缩短盾尾刷使用寿命，造成盾尾渗漏，严重时还会发生渗水、涌砂等安全事故。一旦发生渗漏，盾构隧道施工风险增大，因此，在隧道内完成盾尾刷的更换，成为了盾构施工中不可或缺的应急处理技术。

5.8.1 技术背景

哈尔滨地铁2号线尚—哈区间长为651.806 m，隧道埋深范围为10.3～17.8 m。处于松花江阶地及岗阜状平原交接处，主要为粉质黏土地质，局部为粉砂层。区间盾构隧道形状为单洞单线圆形，隧道内径为5 400 mm，外径为6 000 mm，管片厚度为300 mm，宽度为1 200 mm。14#盾构机为铁建重工双螺旋输送机土压平衡式盾构机，盾尾密封有两排金属钢丝刷、一道钢板束。钢丝刷和钢板束用螺栓连接在尾裙上，每一侧都有金属板保护。2017年10月，当掘进至150环时，发现盾尾偶有局部渗浆现象，在对盾尾油脂单延米注入量、盾体姿态、盾尾间隙复核分析的基础上，推断为盾尾刷出现故障。

5.8.2 盾尾刷损坏原因

（1）盾尾刷制造时存在质量缺陷，导致承载力不足。

（2）盾构机始发前，盾尾刷手涂油脂不均匀，影响盾尾刷的密封效果导致漏浆，进而损坏盾尾刷。

（3）盾尾密封油脂质量不好，无法有效保护尾钢丝刷，或因油脂含有杂质堵塞泵，使油脂压注量达不到要求。

（4）盾尾密封油脂量和油脂注入压力不足，降低了密封效果，引发盾尾渗漏。

（5）盾构机掘进姿态的影响大。纠偏量过大可能造成盾构机出现"蛇形"前进现象，导致盾尾间隙大小不均匀，容易导致盾尾漏浆。盾尾间隙过小容易挤坏盾尾刷，导致盾尾刷钢丝损坏，密封失效而漏浆。

（6）管片拼装"错台"，致使盾尾密封刷不能完全包裹管片，形成渗透通道，在较高的注浆压力和水土压力等作用下导致管片尾盾间发生渗漏。

（7）管片拼装时操作不正确或野蛮操作，导致2块管片受力过大而破损，使混凝土块进入尾盾损伤盾尾刷。

（8）同步注浆压力不能超过盾尾刷的承载压力（0.5 MPa），否则会击穿盾尾刷。

5.8.3 盾尾刷更换的困难

（1）在掘进过程中，地层受到扰动后稳定性会急剧下降，在已成环的盾构管片外会形成透水通道。而在更换盾构尾刷时，需将两道尾刷露出成环管片外，如果仅有一道已损坏的尾刷做了封闭，很容易造成从盾尾处喷泥涌水等塌方事故。

（2）当盾构掘进时，地层经扰动后掌子面很不稳定。随着停机时间增长，一方面地下水进入土舱，土舱压力逐渐增大。更换尾刷时，推进油缸无法顶紧管片，盾构机将在土舱压力的作用下后退，致使盾尾刷更换困难。另一方面，长时间停机会造成盾构再次启动困难，地层扰动大，造成盾构栽头风险。

（3）长时间停机后，盾构机尾部在不均匀压力作用下容易产生偏移，造成盾构间隙过大或过小，给管片安装带来困难。

（4）盾构掘进时，上一环管片在千斤顶的作用力下已经紧密贴合，管片拆除难度大，风险高，很难将管片拆除漏出2道尾刷。

5.8.4 盾尾刷更换的步骤

1. 停机位置选择

尚一哈区间右线在368环左右下穿哈尔滨站站场铁路一级风险源。其中，在248环更换盾尾刷，停机里程为SK18+178.66，位于霁虹街南侧人行道上，区间埋深17 m，水位线距离隧道拱顶约7 m。刀盘上部为中砂层，底部为粉砂层，而隧道上部主要为粉砂、粉质黏土等地层。为防止在更换盾尾刷时盾尾来水，对245环、246环管片进行全断面二次注浆。具体操作是使用磷酸稀释液加水玻璃稀释液按照1:1的比例注入，在盾尾形成两环止水环。

2.更换前准备

（1）施工前，组织施工人员对盾尾刷更换进行安全技术交底，明确施工风险及避险措施。

（2）选择合适停机位置，并做好地面巡视及安全防护工作。

（3）停机前，调整盾构姿态及盾尾间隙，选择合适的拼装点位，并做好停机期间的保压工作及盾体安全防护。

（4）对盾尾进行注化学浆液止水，检查注浆止水效果。满足盾尾刷更换条件后，方可进行作业。

（5）明确作业人员职责，确保施工工序合理有序。

（6）现场安排专职安全人员进行防护、督导。

（7）更换尾刷前，加大盾尾油脂注入量，并向管片背后注入双液浆做止水环箍。在掘进最后两环时，加大同步注浆量，将其控制为常规盾尾同步注浆量的1.5倍。同时，在盾尾后3、4环打开吊装孔进行管片背后补注浆。当盾尾漏浆、漏水时，采用海绵条或注入聚氨酯进行封堵，确保盾尾处地层的注浆饱满密实，起到对围岩的制稳、加固和有效的封水效果。

（8）做好现场应急物资储备工作，并连接备用管路以供应急排水。

3.更换盾尾刷

盾尾刷更换如图5.44所示，具体步骤如下。

（1）在完成止水环施做后，回收3点位千斤顶，并纵向打开248环3点位K块约80 cm处，观察盾尾情况。如发现3点位第一道盾尾刷破损严重，但未发现盾尾漏浆、漏水等现象，则开始更换第一道盾尾刷。

（2）拆除248环下部的K块、L2块、B3块等3块管片，在油缸撑靴与下一环管片之间增加临时钢支撑，防止盾构在水土压力下后退。拆除破损的盾尾刷并重新焊接更换新的盾尾刷38块，再给新焊接盾尾刷人工涂抹盾尾油脂，然后重新拼装248环下部的K块、L2块、B3块等3块管片。

图 5.44　盾尾刷更换

（3）拆除248环上部的L1块、B1块、B2块等3块管片，在油缸撑靴与下一环管片之间增加临时钢支撑，防止盾构在水土压力下后退。拆除破损盾尾刷并重新焊接更换新盾尾刷10块，对新焊接盾尾刷人工涂抹盾尾油脂，重新拼装248环上部L1块、B1块、B2块等3块管片。

（4）恢复盾尾油脂注入，当油脂舱油压达到10 bar以上时，恢复正常掘进。正常掘进时，应当注意同步注浆压力不得超过5.0 bar，以免击穿盾尾，再次造成盾尾刷损坏。

5.8.5 盾尾刷损坏预防

为避免盾尾渗漏，应控制地面沉降，在掘进过程中采取以下措施保护好盾尾密封。

（1）合理调整盾体姿态，确保均匀良好的盾尾间隙。

（2）拼装前后多次量取盾尾间隙，以指导选择合适的拼装点位。

（3）拼装前及时清理盾尾，避免杂质进入尾刷。

（4）及时调整盾尾油脂的油脂压力及油脂性能，确保盾尾油脂注入量。三排密封之间形成环形空间，持续不断地用密封油脂填充，可减小钢丝刷与隧道管片外表面之间的摩擦力，延长密封件的寿命。

（5）严格控制同步注浆与掘进速度的匹配性，控制注浆压力，防止盾尾击穿，造成刷毛僵硬脱落。

（6）及时对成型管片进行复紧，防止管片变形压迫尾刷。

（7）依据地表监测数据，适当调整注浆量与注浆压力，降低盾尾刷被击穿的风险。

5.9　本章小结

本章重点阐述了复杂环境条件下的盾构掘进施工技术。哈尔滨地铁2号线穿越的地层主要为超厚富水砂层，经纬街沿线地层较为软弱，反应比较敏感，周边综合管线众多，老旧建筑物较多，历史保护建筑多，沉降控制难度大。通过盾构机选型、盾构掘进参数控制以及自动化监控量测等手段，地铁2号线安全顺利穿越了老旧建筑群124栋，切割建筑群桩80桩，穿越ϕ75 mm的锚管群及既有人防结构。

（1）采用自动化监测网、三维激光扫描等先进技术手段，对地铁施工沿线地表变形、建筑物群进行监测，做到实时监测、存储、解算和分析，沉降超过预警时触发自动报警。这实现了数据综合管理、监测点状态、设备状态、变形量等数据的查询，同时实现了实时动态监测、远程异地可视化等功能，大幅提高了安全风险监测过程中数据采集、传输、处理的效率和精度。

（2）针对超厚富水砂层、穿越群桩、锚管和既有人防等对刀盘的强包裹性及摩擦性，盾构机刀盘及螺旋机耐磨材料分别选用了特种耐磨复合钢板及硬质耐磨焊材，以增强其耐磨性。刀具的合金材质采用了硬质合金，以提高切削刀具的掘进寿命。此外在刀盘圈梁周边堆焊了大量的网格状耐磨硬质合金，减轻了刀盘的磨损，保证了连续穿越建筑物群的安全性。

（3）针对超厚富水砂层高水土压力的特点，主轴承密封采用四道密封腔，并在密封腔与旋转轴间设置迷宫密封，以增强密封效果。同时，设计了3道密封刷+1道止浆钢板的结构，确保盾尾密封能在高水压下安全推进，有效止水，防止发生高压涌水。此外，还使用了独立的渣土改良系统，在刀盘、土仓、螺旋机上共设17个渣土改良注入口，实现膨润土、泡沫剂、高分子聚合物的多样化选择。同时，设计双螺旋输送机盾构机，增强了超厚富水砂层的防喷涌能力。

（4）在高黏粒含量的砂层和黏土夹层中掘进时，盾构掘进采用满仓掘进模式会产生较大的推力大和较高的温度，导致刀盘出现结泥饼现象。为解决这一问题现场对比了分散剂和双氧水两种不同化解泥饼的方法，根据对比结果选用双氧水化解泥饼的方法。此方法具有时间短、效率高的特点，尤其是对顽固性泥饼的化解效果更加明显。

（5）盾构设计直径为6 260 mm，较常规盾构少20 mm，这减少了管片与地层之间的间隙，有助于控制地表沉降。运用刀高高差错位布置，使尖刃贝壳刀较切刀高40 mm，提高了软土刀盘切削建筑群桩的能力。

（6）运用旋挖钻机预先处理建筑物锚管的方式，为盾构顺利掘进创造条件。旋挖钻机应选择大功率、带合金切削的齿形钻头。纵向钻孔采用咬合50 mm的方式是为了探找锚管的具体位置，防止锚管遗漏给盾构掘进带来困扰；横向钻孔是为了切断锚管，采取间隔钻孔方式，间隔距离为500 mm，以满足盾构螺旋输送机顺畅排出。

（7）尽量避免在超厚富水砂层中更换盾尾刷，一旦盾尾刷出现渗漏现象，应高度重视，并采用注化学浆液的处理措施及时进行封堵，然后分析判断是否需要更换盾尾刷。更换盾尾刷前要做好一切应急处理措施，应选择在地质条件相对较好的地层中更换，并利用特殊的多孔管片，加强管片背后的注浆。注化学浆液能封堵住地下水进入盾尾，必要时，考虑采用盾尾径向注浆的方法。

第6章　盾构管片预制生产

第6章 盾构管片预制生产

在东北严寒地区修建城市地铁,冬期管片预制生产是盾构区间施工中重要的工序。在保障生产厂房、砂石料存放场地和搅拌站等冬施环境温度的同时,管片养护则是管片生产中重要的控制环节。管片养护一般采用蒸汽养护和水池养护相结合的方法,而在冬期施工中,水池养护难度大,需要在室内建造大型养护水池,造价高。因此,严寒地区冬期管片预制生产中,采取蒸汽养护和养护剂养护相结合的方法,在进度、质量、经济等方面都具有显著的效果。

6.1 半自动化生产线

按照管片生产任务规划半自动化生产线,生产线模式为"2+3",即2条作业线,3条养护线,生产线长度为150 m。在厂家定做13套管片模具,每套模具由6节模具组成,其中左转环、右转环各1套,如图6.1所示,其配套设备见表6.1。

图 6.1 管片预制半自动化生产线

表 6.1 预制管片半自动化生产线设备表

序号	设备名称	规格型号	数量	单位
1	管片生产线	"2+3"型	1	套
2	混凝土搅拌站	120型	1	套
3	混凝土运料车	2 m³	2	台
4	振动台	—	2	套
5	电动单梁起重机	LD5 t-22.5 m	2	台
6	电动单梁起重机	LD10 t-22.5 m	1	台
7	电动单梁起重机	LD10 t-19.5 m	2	台
8	电动葫芦门式起重机	MH10 t-24 m	1	台
9	双梁桥式起重机	QD16 t-19.5 m	1	台
10	电动葫芦门式起重机	MH10 t-24 m	5	台
11	真空吸盘	1.2 m管片适用	1	个
12	水平吊具	1.2 m管片适用	2	只
13	垂直吊具	—	4	只
14	模具升降台	—	2	套
15	翻片机	—	7	台
16	钢筋笼运输车	5 t	1	台
17	钢筋切断机	GQ70	2	台
18	弯弧机	GWH32	2	台
19	弯曲机(左)	W-32A	3	台
20	弯曲机(右)	W-32A	3	台
21	钢筋箍筋弯曲机	—	3	台
22	钢筋调直切断机	GT6-16	2	台
23	钢筋箍筋弯曲机	CBM-12	1	台
24	钢筋笼胎具	—	2	套
25	CO_2 保护焊机	松下YM-500	12	台

续表 6.1

序号	设备名称	规格型号	数量	单位
26	蒸汽锅炉	2 t	2	台
27	管片模具	固定振动台式	13	套
28	变压器	315 kV·A	3	台
29	水箱	18 t	2	个
30	配电柜	GGD2	7	台
31	空压机	20 m³	2	台
32	喷枪	—	2	把

6.2 冬期管片预制

6.2.1 预制前准备

（1）及时获取相关的气象信息，掌握气象变化情况。

（2）落实冬期施工所需工程材料、防寒物资、能源和机具设备，确保锅炉房正常运转。做好现场供水管道、搅拌机棚、车间门窗等封闭保温措施。

（3）调整理论配合比，使其符合冬期施工要求，并做好相关混凝土性能指标试验。管片设计混凝土强度等级为C55，抗渗等级为P10，冬期管片预制配合比见表6.2。

表 6.2 冬期管片预制配合比

材料	水泥	石子	中砂	粉煤灰	水	外加剂
每立方米用量/kg	390	1 180	700	50	135	3.12

（4）对管片生产人员和养护人员进行冬季施工技术培训，对搅拌站、锅炉房等主要部门进行冬季施工技术交底。

（5）在进入冬季前对所有机械设备做全面的维修和保养，及时更换相应牌号的润滑油。对使用防冻液的机械设备，确保防冻液符合当地防冻要求，未使用防冻液的机械设备采取相应的防冻措施。

6.2.2 模具清理及组模

（1）半自动化生产线为"2+3"模式，布设13套模具。组模前清洗钢模，混凝土残渣必须全部铲除干净，内表面使用胶片配合清理，用高压风吹洗干净。

（2）使用雾状喷雾器喷涂脱模油，并用抹布涂抹均匀，使模具内表面均布薄层脱模油。如出现脱模油流淌，采用棉纱清理干净。

（3）喷涂脱模油后，按要求组装模具，并由专职质检员用内径千分尺在模具指定位置进行宽度、内弧面检测。检测合格后，方可进入下一道工序。

6.2.3 钢筋骨架制作与入模

1. 冬期管片钢筋骨架制作

（1）在负温条件下，钢筋在运输过程中应防止撞击和刻痕。由于冬季钢筋运输容易滑落，因此，在钢筋吊运过程中，应严格检查钢筋捆绑情况和外观质量，原材送检合格后，方可使用。

（2）钢筋原材存放区和加工区设在生产车间内部，环境温度一般不低于10℃，钢筋骨架存放区环境温度尽量控制在20℃以上，有利于保证管片的混凝土浇筑质量。

（3）钢筋负温电弧焊可根据钢筋牌号、直径、焊接位置选择焊接电流。焊接时，应该采取防止产生过热、烧伤、咬肉和裂缝等技术措施。

（4）钢筋负温电弧焊宜采取分层控温施焊。热轧钢筋焊接的层间温度宜控制在150~350℃。

（5）以防蒸汽遇冷凝结成水珠，造成钢筋生锈，影响预制管片混凝土的耐久性，应在车间侧墙靠近蒸养窑出模位置安装蒸汽排气扇，以便将车间蒸汽迅速排到车间外。

2. 钢筋骨架入模

钢筋骨架加工在靠模上完成后，需要检查钢筋规格、间距和焊接质量。然后，根据管片型号（直线环、左转环、右转环）以及隧道埋深（浅埋、中埋、深埋）等进行分类，有序堆放并标识清楚。在使用时，采用龙门吊配合专用吊具，按各种规格将钢筋笼吊入模具内。确保钢筋笼型号与模具型号相匹配，同时确保保护垫块、预埋件位置准确。

6.2.4 混凝土拌制与浇筑

1. 混凝土拌制

（1）冬期施工配合比。

根据天气情况，制订冬期施工计划，配制冬期施工配合比，并完成第三方检测机构冬期施工配合比验证，同时出具报告。

（2）冬期施工温度控制。

在管片冬期生产期间，做好混凝土温度保障措施，提高混凝土出仓温度及入模温度（控制在20℃以上），减少混凝土运输过程中的热量损失。

①加热搅拌用水。通过蒸汽加热搅拌用水，使用温度控制器及水位控制器，控制搅拌用水温度达70℃以上。这既能保证混凝土温度，又不影响水泥性能。

②加热生产用砂。用帆布做砂仓门门帘，在不上料时及时关闭；在砂仓内安装水暖加热设施，提高砂仓温度，防止砂子结块、结冰。

③将减水剂储存在室内，室内配备取暖设施，控制温度达到10℃以上。

④为保证混凝土搅拌温度，避免所有管线路受冻，对整个搅拌楼进行彩钢板封装，并增加供暖设施，保障设备正常运行。搅拌站地仓、运输斜皮带、搅拌楼室内采用水暖加热的方式提高温度，保证管线路、原材料等不结冰。

⑤确保配制冬季的混凝土水胶比不大于0.35，以保证混凝土的入模温度。

⑥冬季混凝土适当提高搅拌时间，控制在150~240 s，拌制的混凝土塌落度控制在50~70 mm。搅拌顺序：先投入砂石与热水搅拌，充分搅拌后，降低水温并提高砂石温

度。然后，依次投入水泥、粉煤灰及外加剂，搅拌时间不低于180 s，并对搅拌站各部位计量系统进行全量程计量。

⑦组织和协调好现场施工生产各环节，保证混凝土从出模到入模要快，减少混凝土的坍落度损失及温度损失，以保证混凝土入模温度不低于20 ℃。尽量缩短拌制混凝土到混凝土入模之间相隔时间，做到混凝土料随出随入，以减少混凝土自身温度的降低。

⑧砂石料进场时，要派专职材料员进行验收，对有雪块和冰块的要进行清理，完成后才能卸车。混凝土所用骨料必须清洁，应干燥无积水、无冰冻。砂料场温度控制以砂子不结冰为宜。

⑨对于冬期混凝土拌制质量的检查，应增加以下几方面的检查频率。

a. 加大外加剂掺量的检查频率，按照施工情况确定适当的外加剂掺量。

b. 加大水加热温度的测量频率。

c. 加大混凝土自搅拌机中卸出时和浇筑时的温度测量频率。

2. 混凝土浇筑

（1）管片脱模后应及时清理模具、涂刷脱模剂(脱模剂稀释的用水温度应在50 ℃左右，并搅拌均匀)，使脱模剂迅速成膜。

（2）冬期混凝土施工，按规范和要求加强对混凝土的质量检查，从混凝土配制、运输、入模、养护等全过程进行质量控制。

（3）采用半自动化生产线运料轨道车将混凝土运输至浇筑地点，打开料斗阀门，使混凝土直接浇筑入模。混凝土的浇筑要连续，做到随浇筑、随振捣及随覆盖，减少热量散失控制混凝土在蒸养前的温度。

（4）混凝土浇筑采用附着式振动器振捣，并辅助插入式振动棒振捣密实，全部振捣成型后，视冬期生产车间气温及混凝土凝结情况，约10 min后拆除压板，进行光面处理。

6.2.5 管片蒸汽养护（蒸养）

冬期施工蒸养温度和温差的测试对控制管片质量尤为重要，在管片蒸养期间由专人进行温度的调控和记录，冬期施工要适度延长管片蒸养时间，避免管片产生温差裂缝，同时确保管片初期拆模强度达到40%以上（22 MPa），管片的蒸养时间可随气温变化随时进行调整。遭遇恶劣天气时，暂停生产。

（1）管片半自动化流水生产线的蒸养室是一个相对封闭的空间，混凝土收面压光结束后进入蒸养模式，模具依次进入静停区、升温区、恒温区和降温区。其中，静停区的温度控制在35 ℃左右，静停时间约1.5～2 h；升温区的温度控制在45～55 ℃，升温时间约为1 h，恒温区的温度控制在55～65 ℃，恒温时间约为3 h，降温区的温度控制在25～45 ℃。出模时管片温度与室温差不大于20 ℃。

（2）在整个蒸养过程中，专人负责控制温度，严格执行蒸养制度，加强观测，如实记录各测温点的温度变化值。

（3）锅炉工提前做好供热准备，保证管片蒸养和车间供暖温度。

6.2.6 管片拆模

管片通过蒸养后进行混凝土试块强度测试，同条件养护的试块强度必须达到22 MPa以上，才能进行管片脱模操作。

（1）拆模顺序：叠齐养护布→拆卸手杆螺栓→清除混凝土残积物→拆卸侧模与底模固定螺栓→拆卸侧模与端模连接螺栓。

（2）两侧和端模拆开后，使用专用水平起吊吊具——龙门吊将管片吊出，置于管片翻身机上。

（3）拆模中严禁锤打、敲击模具等野蛮操作。起吊管片时，地面操作要由多人配合进行，确保管片垂直出模，避免损坏管片。

6.2.7 管片质量检查、评定和车间修补

管片拆模后，根据相关规范要求对管片进行管片尺寸检测和外观质量评定，对质量检查不满足规范要求的管片，进行废置处理。

（1）每生产15环管片应抽取1块管片进行尺寸检测。

（2）管片不允许存在贯穿裂缝、露筋、孔洞、疏松和夹渣等质量缺陷。

（3）管片出现缺棱掉角、飞边、非贯穿裂缝、麻面面积不大于管片面积的5%等外观质量缺陷，允许修补。

（4）根据修补方案配置修补剂，控制好修补质量和色差。

6.2.8 冬期管片养护

在管片冬期生产中，严格执行冬期施工规范，特别是严格控制管片在养护时的温差和脱模强度。管片蒸养结束，在同期混凝土蒸养试块脱模强度达到22 MPa后方可起吊，用真空吸盘平稳起吊至翻转架翻转下架，待管片表面晾干后，再由养护工及时喷刷养护剂。喷刷养护剂的方法分为喷涂法和涂刷法两种工艺。

（1）喷涂法。如图6.2所示，采用农用喷雾器或油漆喷枪作为喷涂工具，使用前先用清水试喷，雾化正常后用养护剂喷涂，喷枪应距混凝土面20～50 cm，喷枪略微倾斜，喷枪压强控制在4～6 kg/cm²，以免冲坏混凝土面。为保证喷成均匀的雾状，喷涂运动速度要均匀，一般从左到

图6.2 喷涂养护法

右，从上到下依次喷涂。如出现不均匀现象，可在第一遍成膜后5～10 min内进行第二遍喷涂，以保证混凝土表面形成封闭的养护膜。喷涂作业完成后，立即用清水洗净喷雾器，以防喷孔堵塞影响下次使用。

（2）涂刷法。采用油漆刷或涂料专用滚刷，直接涂刷成膜。一般先水平方向涂刷一次，涂刷到一定范围后停5～10 min，再以垂直方向刷涂第二遍，务必使涂层均匀成膜。自上而下逐渐扩大范围，边角或毛糙的部位要仔细刷到位，一定使混凝土构筑物表面全封闭，如图6.3所示。

图 6.3 涂刷法养护

（3）喷刷混凝土养护剂用量指标，1 kg养护剂喷涂面积应控制在4～6 m²，涂刷时面积可控制在5 m²为宜，作业过程中应及时把握材料用量与质量，涂层厚度为0.05～0.09 mm。

（4）管片养护剂进厂后应密封存放，并避免被阳光直射，使用前应将养护剂搅拌均匀。当管片在翻片机翻转90°（此时管片处于立放状态）时，先按照管片成品标识操作规程对管片进行标识，再将管片吊装至养护剂喷涂区。用装有混凝土养护剂的高压喷雾器由管片端面、内外弧面、侧面依次进行均匀喷涂，保证厚度一致，不留喷涂死角，不带喷痕，一次完成，无流淌、漏喷等现象。

（5）将喷涂好的管片用垂直夹具从喷涂区平稳地平移至车间临时存放区，待第一次喷涂基本成膜后（约25 min），再采用毛刷或滚筒刷均匀涂刷，保证厚度一致，不留死角，无流淌、漏刷等现象。

（6）养护剂喷涂后未成膜前，如遇水浇或蒸汽应重新喷涂。

（7）管片喷涂养护剂必须严格按照喷涂操作规程至少喷涂2次。

6.2.9 管片储存

冬期生产时，管片应尽量储存在生产车间内，生产车间空闲区域可作为管片的临时存放地，采用三层立式存放。因左、右转环管片宽度不规则，在保证存放安全的前提下，为最大限度地利用厂房存储空间，应将左、右转环管片放置在最上层。

管片在达到设计强度后方可运出车间。运出车间时，应选择气温较高的天气，并在中午或者午后无风时段进行倒运。当管片从厂房内运至室外管片存放区码垛堆放时，应注意其存放环境温差不宜过大，管片层与层之间搁置方木，方木厚度要一致，搁置部位要正确。管片在场内须小心搬运及堆放，吊运时设专人负责指挥，尽量减少搬运次数，防止磕碰缺角掉边，避免管片受到损坏。运至生产车间外存场的管片应及时用土工布进行覆盖，避免在雨雪天受冻开裂。

6.2.10 预制管片过程温度控制

为使管片生产车间温度达到10 ℃以上，应采取以下措施。

（1）厂房进出门经常保持关闭状态，如有运输车辆进出厂房，保证车辆进入后立即关闭大门，减少厂房内热量损失。在人员进出门上设置2层门帘。

（2）安排专人定期巡视检查厂房门窗是否关严，是否有门窗损坏，如有此情况，及时关严或修复。

（3）将管片生产车间与钢筋加工车间以及管片存放车间用防雨绸隔开，以保证管片生产车间温度。

（4）使用彩钢板将浇筑工位以后的作业线区域、进模坑道以及管片静停区进行封闭，在封闭区域内通过蒸汽管道加热、安装电暖设备等措施，将该区域环境温度提高至30~35 ℃，有效缩短管片外弧面收水时间，保障生产进度。

（5）喷、涂混凝土养护剂时，要防止雨水及砂尘浸入，同时要注意避免机械性碰撞或在其上拖拉重物，若有损伤应及时补刷。

（6）冬季施工温度记录每2 h测量一次，见表6.3。

表6.3　冬期混凝土入模及养护温度表

拌和用水温度	混凝土入模温度	出模时管片温度	车间温度
70 ℃以上	≥20 ℃	与室温差≤20 ℃	≥10 ℃

（7）加强对锅炉和供热管道的检查、维修和保养，确保供热连续可靠，保证生产车间温度不低于10 ℃。

（8）在生产车间四周设置6支温度计，流水线静停区设置4支数字温度计，每天由专人负责每2 h测量一次温度，并做好温度原始记录。

（9）每天安排专人检查生产车间门窗的关闭情况，加强对生产车间内门窗的管理工作，确保关闭严密，以保证生产车间室内温度。

（10）生产管片存放在厂房内，采用三层立式存放。待管片混凝土达到设计强度后，方可外运。外运时，室内、外温差不得大于20 ℃。

6.3　管片性能试验

使用严寒地区管片冬期预制工艺生产出的管片,经过试验检测机构对混凝土管片抗拔、抗弯、抗渗性能检测及混凝土养护剂、管片拼装试验检测,证明其可以满足设计和规范要求。

6.4　本章小结

通过严寒地区冬期管片预制施工技术实践,形成了一整套冬期管片预制生产施工工艺,包括半自动化生产线的建立、冬期施工保温设备设施的运用,以及钢筋入模、混凝土浇筑、管片养护、存放等成套冬期管片预制生产。研制冬期施工混凝土三合比,充分利用养护剂养护方式解决了冬季水养难题。以严格控制各工序之间的温差不超过20 ℃为原则,有效解决了温度应力所产生的混凝土裂缝问题。利用混凝土管片抗拔、抗弯、抗渗等试验检测手段,验证了冬期管片预制工艺的可行性,证明此技术可以在地铁冬期施工过程中推广应用。

第7章　严寒地区盾构冬期施工

哈尔滨城市轨道交通建设的施工环境，是目前全国最北方且最寒冷的，极端最低温度达到−40℃。哈尔滨市地处松花江中游，冬季寒冷漫长。由于轨道交通建设施工任务紧迫，有效施工工期仅8个月，冬期施工难以避免，这给盾构施工，尤其是泥水盾构施工带来了前所未有的挑战。

7.1 拌和系统保温

1. 搅拌站修建保温棚

搅拌站使用A级阻燃岩棉板建造全封闭的保温棚。为加强搅拌站的保温工作，对搅拌站屋顶及墙面彩钢板的较大缝隙进行封堵，提高站内温度。同时，对防温棚的门、窗、洞口等部位采用保温棉被进行防护，有通行要求的做到"不用即关"，如图7.1所示。

图 7.1 搅拌站保温棚

2. 搅拌站内保温措施

为防止温度过低影响浆液拌制，在搅拌站保温棚外设置一个锅炉房(200 kW)，同时在站内布置10组暖气片，确保室温在5 ℃以上。若搅拌站内温度低于5 ℃时，增加1台30 kW热风幕。

3. 砂料仓保温

砂料堆放采用室内储存的方式，用钢结构+保温板搭建砂料仓，尽量与搅拌站统一建设。如图7.2所示，在砂料仓底部铺设地暖管路，供暖管路采用 ϕ40 mm暖通管，间距30 cm。砂料仓内靠近侧墙布置8组暖气片，砂料仓由锅炉供给热水，确保室温在5 ℃以上。砂料仓大门采用2 cm保温棉被遮挡，做到随用随关。棉被悬挂在砂料仓钢结构顶部的桁架上，横梁焊接2根5号槽钢滑轨+行走轮作为棉

图 7.2 砂料仓地暖管安装图

被滑动杆。

要尽量购置干砂，严格控制搅拌用砂的进场含水率，避免结冰；现场砂料仓进口采用保温棉进行覆盖保护。料斗上缠绕伴热带并用保温岩棉包裹保温，防止料斗内砂料结块。

7.2 砂浆浆液保温

（1）盾构所用同步浆液材料主要为砂子、粉煤灰、膨润土和水泥。冬期施工砂浆配比：水泥180 kg、水567 kg、砂210 kg、粉煤灰840 kg、膨润土30 kg。砂料含水率为3%。

为防止雨雪对材料的破坏，粉煤灰、膨润土、水泥、砂子等到达现场后，直接在搅拌站砂料场暖棚内分别存放，防止受冻、受潮，以确保其质量。

（2）浆液随拌随用，储存时间不宜过长。缩短浆液下放到浆液车的时间，浆液放完后，尽快驶入隧道内，减少在井口的停留时间。及时洗净浆液车上的残余砂浆，以免冻结。严禁使用已经冻结的砂浆，也不得将水掺入冻结砂浆内重新搅拌使用。在放浆过程中，尽量将浆液排净，然后清洗拌浆罐和放浆管，以防止浆液冻硬后堵塞阀门和放浆管。

（3）为加强搅拌站的保温工作，对搅拌站及砂料场采用保温石棉板整体搭建暖棚。暖棚内利用地暖进行加热，以提高搅拌站内的温度，防止砂浆材料受冻、受潮。

（4）做好搅拌站现场热源供应设施的安装与封闭。

（5）搅拌站用水利用240 kW的电锅炉加热后储存在水箱内，这样可以提高拌和浆液温度，增强和易性。砂浆搅拌站至洞口处的输浆管路不能埋设过深，要尽量减少管路弯头的数量，以防堵管等情况发生。注意做好砂浆管路的保温工作，应缠绕电伴热带，并在外皮包裹保温棉。清洗浆液站管道时，用锅炉提供的热水进行清洗。

（6）为防止灰罐放料过程中产生扬尘，应在搅拌站增加除尘袋，这样可以保证施工作业人员与周边居民的健康。

7.3 现场管片储存保温

（1）现场存放的管片，使用油毡布制作防护，以应对雨雪。对施工场地的管片，采用专用帆布进行覆盖，防止其受冻、受潮，避免影响管片和防水的质量，如图7.3所示。

（2）管片螺栓、盾尾油脂、水玻璃、泡沫等存放于车站始发端头中板上，对该区域用棉帘子进行整体封闭，并预留推拉门以便用于物料转运。将上述物资按批运入隧道内，放置于盾构机

图7.3　管片保温措施图

台车上进行保温，且台车上物资的存储量需满足盾构机2 d的掘进需用量。

（3）根据施工现场的机械设备特点，为其配备防冻液和润滑油，同时对设备进行检查，保持机械的正常使用。

7.4 防水材料粘贴保温

1. 提前粘贴后的管片覆盖保护

根据现场场地条件，尽可能多存储管片，提前粘贴止水条，止水条通过试验检测能满足冬期极端低温下的使用要求，采用防水帆布包裹式覆盖，并增加棉被保温止水条。同时利用红外线测温仪定期监测止水条表面温度。

2. 拼装前的止水条检查

拼装前，检查前期储存的管片止水条粘贴质量是否受天气温度影响，检查止水条是否不牢固或脱落。在温度10℃以上的区域，重新粘贴部分止水条，失去弹性的止水条重新更换。

3. 后期生产管片进场粘贴

由于管片存储量不足，部分管片需在管片厂进行冬期生产，管片厂的生产能力只能达到2循环/套模，减少了一个循环的产量，导致后期进场管片量有限，进场后需进行保温养护，覆盖双层棉被。

现场搭设管片防水材料粘贴暖棚，正面挂岩棉棉被保温，暖棚内设置两台30 kW的热风幕进行供热，确保温度在5 ℃以上。保温棚满足3、4环管片粘贴及存放，如现场粘贴好的管片存储量较大，可将部分管片转运至隧道200 m以内位置保温存放，待需要使用时运出。

管片的防水材料、胶水均存在库房内保温，随用随取。如果密封垫与挡水条过冷、潮湿时，可用电吹风对其适度加温，除湿之后方可使用，以保证防水材料的防水效果。

管片止水条粘贴完成后，随粘随用，下井前采用棉被进行覆盖保温。

7.5 始发场地保温

盾构机组装、始发均在车站主体内部进行，需要对盾构机所处环境进行封闭性保温防寒。车站主体保温主要为了防止盾构机及后配套台车上的管路、油脂、浆箱和土体改良材料等部位发生冻结。为保证盾构机顺利始发掘进，应对车站各个关键部位采取防寒措施，使其满足盾构机组装、始发的环境条件。

7.5.1 始发井洞口保温

（1）结合车站结构及现场需要，在盾构井顶板设置防雪、防气屏障，以阻止冰雪落入始发井及减少冷空气进入。施工时先采用I16工字钢搭设钢结构平台支架，间距1.2 m，然后铺设走道板，再铺设2 cm保温棉被和防雨布。由于需要吊装管片，因此预留1.5 m×2 m吊装空间，并需设置滑轨移动防护保温罩。

（2）结合现场情况，区间始发洞口需进行保温以防止水管冻结及空气对流影响施工，区间的保温措施是在洞门位置悬挂保温被，保温被通过在洞门环梁打设膨胀螺栓进行加固，底部自由垂落，方便电瓶车和工作人员通行。

（3）为确保始发井的保温效果，在未进行吊装作业时，必须及时移动保温棚遮盖预留口，关闭空气对流通道。

（4）在始发井内布设测温点，施工时做好温度记录，每天测温次数不低于2次，确保洞内环境温度保持稳定。

（5）大雪过后，及时安排人员清理覆盖在防雨布上的积雪。

7.5.2　出土口保温

对于出土口位置的封闭，主要考虑到出土时的防寒和开合的功能，可在出土口安装推拉式彩钢夹层保温板。并在彩钢上铺一层棉被和一层塑料布，以起到防护防寒的作用。在降雪时，需要及时清理积雪，防止积雪过厚压塌临时结构，发生危险。

7.5.3　出入口保温

车站出入口仅用于作业人员进出，需具备防寒和人员出入开合的功能，因此在出入口安装保温大棚。在拱形钢骨架上铺一层厚塑料布进行防护、防寒，工作人员出入口悬挂双层棉门帘。在降雪时，同样需要及时清理积雪。

7.5.4　站内保温与供热

在车站负二层端头位置约40 m的位置搭设保温隔离墙，在执行区设置双开活动门。当电瓶车通过时将门打开，通过后立即将门关闭。在端头井口上，用型钢和木材搭设骨架，并用阻燃岩棉覆盖。在车站主体上翻梁侧壁、护栏边悬挂暖气片供热，提升盾构机后配套、膨润土发酵池、循环水路周围的温度，从而保证掘进过程中各个环节正常运行，如图7.4所示。

图7.4 站内保温与供热

7.6 盾构设备冬施维护

盾构机的正常掘进离不开各种配套设备的配合,包括盾构机供水、废水、循环水管路、循环泥浆管路、泥浆分离系统,以及龙门吊、运渣车等配套设备。这些配套设备的正常运行直接影响盾构机的正常掘进,同时配套设备的效率也会影响盾构掘进的效率。通过分析哈尔滨市冬施的低温环境对盾构机各系统管路、配套设备的运行影响,应用各种保温技术保证盾构设备的正常运行,从而提高盾构机的掘进效率。

7.6.1 循环水、泥浆管路保温

(1)为保证盾构机有正常的外循环水使用,外循环水管路需进行保温处理。地面及洞口段100 m范围内的所有水管敷设防爆阻燃自控电热带,外部包裹2 cm保温材料,最外侧使用透明胶带缠绕,保证保温材料与水管无间隙。

(2)由于洞内温度能够满足施工要求,因此只对地面、井口、洞口100 m范围内的给排水管进行包裹保温。地下埋深要大于70 cm,并采取相应的保温措施,确保水管不发生冻胀现象,以保证施工及生活的正常用水。

(3)盾构循环水池位于车站底板站台板的位置,循环水池的顶部采用工字钢+模板+岩棉被进行封闭。为防止底板循环水池发生结冰现象,须对车站端头40 m采取隔离全封闭保温措施,并在车站四周安装暖气片对循环水池环境进行加热处理。

(4)循环水泵采用伴热带加缠绕保温棉的方式进行保暖,在停机情况下也要启动泡沫系统、循环水系统,让其一直循环,并视情况调整流量,避免停机堵管;加强对管线路的检查,发现问题及时解决,做到防患于未然。

7.6.2 废水处理

(1)盾构完成接收后,及时将泥浆管路及循环水管断开,并将洞内、洞门集水坑等处泥浆污水通过污水泵和电瓶车抽排清理,保证洞门口段不发生冻结。

(2)隧道内废水将被抽排至矿渣车内,由电瓶车水平运输出渣口并进行吊运。

(3)井口排污水泵完成排水工作后及时利用手拉葫芦提升至液面以上,防止水泵受冻影响排水。

(4)对于洞口附近已冻结的废水,定期进行人工破除清理。

7.6.3 龙门吊防寒

(1)冬期施工中,要设专人定时检查使用的垂直运输机械设备(每天不少于一次),检查各种部件及焊接节点有无冻裂现象,确保冬期施工安全。

(2)龙门吊在停机后重新使用前应进行全面检查,并试运转各个电器,待各个

部件检查正常及全机温升后再投入正常使用。

（3）吊装之前要对所有吊具进行检查，并采取防滑措施。

（4）在大雪来临前，采用防雨布覆盖电动机等电气设备，防止设备冻伤。

（5）龙门吊的吊具、吊索要满足低温条件的使用要求，并做极端低温条件下脆性强度试验，防止低温条件下产生意外脆性断裂风险。

（6）龙门吊所用的油类必须是能在低温条件下使用的防冻油，减速器齿轮、液压推杆制动器分别使用-15～0 ℃的20号变压器油和-30～-15 ℃的仪表油，而润滑油为低温防冻油，以确保机械正常运转。

7.6.4　装载机、叉车等机械设备保温

（1）每天交接班时，对机械设备进行全面检查，确认设备的正常使用。

（2）在停机使用前，先空转运行设备几分钟，待设备温升后再投入使用。

（3）机械设备暂停使用期间，如遇大雪，采用防雨布进行覆盖保温。

（4）施工机械采用防冻柴油。

（5）各种车辆所使用的燃油，要根据环境气温选择相应的型号。冷车起步时，先低速运行一段路程后再逐步提高车速。

（6）在冬季启动发动机前，严禁用明火对既有燃油系统进行预热，以防止发生火灾。

7.6.5　管片运输车、出渣车保温

（1）在冰雪路面行驶，管片运输车与出渣车需更换雪地胎，防止车轮打滑。

（2）出渣车行车过程中，需及时清理行驶路面，防止掉落的渣土冻结。在装渣时，可以在渣车箱底垫塑料薄膜进行隔离，以便于在渣土场倾卸。渣土装运过程要及时进行，不得等待渣土受冻后再装渣，以免导致装渣困难。

（3）在管片运输过中，程需采取帆布覆盖的方式进行保温。

7.6.6　电瓶车保温

（1）冬期施工时，外界温度过低，电瓶充电过程中不需要用水冷却，充电过程中应及时清理进入充电箱内的雪水。

（2）电解液的工作温度为-40 ℃，哈尔滨冬期施工的最低温度为-39 ℃，无需其他保温措施。

（3）空压机主要因寒冷造成压缩机润滑油性能下降导致负载增大，进而造成电机的电流增大，容易烧坏电机，所以在启动前需对空压机用热风炮进行预热，保证空压机的正常启动。同时空气中的水分很容易造成气动阀堵塞卡死甚至冻坏的现象，需对气动三联件加强保养，及时把冰屑排出，气动阀组采用电热毯与棉被包裹。

（4）及时清理岔道、井口位置轨道周边的泥水，防止泥水结冰影响电瓶车运输。

（5）进入冬期施工前，对驾驶室的挡风玻璃、门等进行检查和更换。

（6）在冬期施工期间，每天安排专人对电瓶车、轨道进行巡检，并做好检查记录的填写工作。

7.7 盾构机系统拆机排水

严寒地区的盾构机在拆机前，应对泡沫系统、膨润土系统、注浆系统、外循环水系统、液压泵站板式散热器、内循环水系统、空压机排放及主驱动电机、减速机和齿轮油冷却系统内的水进行排放，避免设备管路积水遇冷胀裂损坏。

7.7.1 泡沫系统排水

（1）准备工具：1寸气管，1/2寸球阀、1-1/2对丝、1寸活接、1寸对丝、1寸软管带铜头、活接、两半扣和管钳。

（2）排出罐内的水：在泡沫原液箱和混合液箱的排水口处接入软管，排出箱内的液体。

（3）连接管路：断开每路泡沫泵出口处活接，在1路泡沫进口处接入气管。

（4）通入空气：①调节减压阀，控制进气压力为5 bar；②打开进气口球阀，利用压缩空气从刀盘前面排出1路泡沫管路内的水；③用同样的方法排出其他管路内的水。

（5）空转泡沫泵：点转每一路泡沫泵二三次，排出泵内残留的水，直至泵出口无水流出为止。（注意：泡沫泵不能在泵内无液体情况下长时间空转）

（6）恢复管路：拆除进气管路，恢复管路、球阀至原状态。

7.7.2 膨润土系统排水

（1）排出膨润土箱内的水：打开膨润土罐排水阀，排出箱内的水。

（2）断开抱箍：断开膨润土泵进出口的抱箍，排出管内的水。

（3）排出过滤器内的水：打开膨润土泵进口处过滤器下部排水堵头，排出过滤器内的水。

（4）恢复管路：直到基本无水流出，恢复管路至原状态。

7.7.3 注浆系统排水

（1）准备工具：1寸软管带铜头、活接、两半扣、管钳、1寸对丝、1寸活接2寸活接和2-1寸对丝。

（2）排出砂浆罐内的水：在砂浆罐排水口接入排水管，排出罐内的水。

（3）排出注浆泵内的水：启动注浆泵，排出注浆泵体内的水。

（4）排出注浆泵冷却水箱内的水：在注浆泵活塞杆冷却箱下面的排水球阀处接入排水管，排出箱内的水。

（5）排出A、B液罐内的水：若配备有双液注浆，需在A、B液罐排水球阀处接入排水管，排出罐内的水。

（6）排出双液注浆泵内的水：启动双液注浆泵，排出泵内的水。

（7）恢复管路。拆除排水管路，恢复球阀至原状态。

7.7.4 外循环水排放

（1）准备工具：1寸气管、1/2寸球阀、1-1/2对丝、1寸活接、1寸对丝、1寸软管带铜头、活接、两半扣和管钳。

（2）连接管路初步排水：在增压泵球阀处连接排水管，打开球阀，初步排出外循环水系统管路内的水。

（3）连接进气管：拆掉排水管，接入气管。

（4）接入排水管：在外循环水过滤器下方球阀处接入排水管。

（5）关闭部分球阀：关闭增压泵出口处和旁通管处球阀，打开增压泵进口处球阀。

（6）通入空气：①调节减压阀，控制进气压力为5 bar；②打开进气口球阀和排水口球阀，利用压缩空气排出外循环系统的水；③当排水量较小时，关闭进气球阀，静置5 min后，再次打开进气球阀直至排水口基本无水流出为止。

（7）连接排水管：在1号拖车工业水口处接入排水管。

（8）开闭部分球阀：打开增压泵出口处球阀，关闭增压泵进口处球阀。

（9）通入空气：①打开进气口球阀和排水口球阀，利用压缩空气排出增压水系统的水；②当排水量较小时，关闭进气球阀，静置5 min后，再次打开进气球阀直至排水口基本无水流出为止。

（10）恢复管路：拆除进气、排水管路，保持进气、排水球阀处于打开状态并保持1 h，然后关闭球阀。

（11）排出工业水管内的水：依次打开拖车、设备桥和盾构体内工业水管的球阀，排出管内剩余的水。

（12）排出污水箱内的水：在污水箱排水球阀处接入排水管，排出污水箱内的水。

（13）排出污水泵内的水：断开污水泵进口处采用软连接，排出泵内的水，直到无水流出为止，恢复管路。

7.7.5 液压泵站板式散热器排水

（1）准备工具：1寸气管、1/2寸球阀、1-1/2对丝、1寸活接、1寸对丝、1寸软管带铜头、活接、两半扣和管钳。

（2）连接管路：分别在散热器两端球阀处接入进气管和排水管。

（3）冷却器排水：①调节减压阀，控制进气压力为5 bar；②关闭两端球阀，打开进气球阀和排水球阀，排出冷却器内的水，直到无水流出为止。

（4）恢复管路。拆除进气、排水管路，打开两端球阀，保持进气、排水球阀处于打开状态并保持1 h，然后关闭球阀。

7.7.6 内循环水排放

（1）准备工具。1寸气管、1/2寸球阀、1-1/2对丝、1寸活接、1寸对丝、1寸软管带铜头、活接、两半扣和管钳。

（2）连接管路。在水泵站处进气口接入进气管，在排水口接入排水管，水管另一端放入下水道内。

（3）通入空气。①调节减压阀，控制进气压力为5 bar；②打开进气口球阀和排水口球阀，利用压缩空气排出增压水系统内的水；③当排水量较小时，关闭进气球阀，静置5 min后，再次打开进气球阀直至排水口基本无水流出为止。

（4）恢复管路。拆除进气、排水管路，保持进气口和排水口球阀处于打开状态1 h，然后关闭球阀。

7.7.7 空压机水排放

（1）准备工具。管钳。

（2）连接管路。在空压机进、回水处用管钳断开活接，排出管内和空压机内部的水。

（3）恢复管路。用管钳拧紧活接，恢复管路。

7.7.8 主驱动电机、减速机和齿轮油冷却系统内的水排放

（1）准备工具。1/2寸气管、1/2球阀、对丝、弯头，软管带接头和22号开口扳手。

（2）关闭球阀。关闭电机、减速机冷却水进、出口球阀。

（3）加防冻液。断开电机、减速机上部水口，将电机、减速机里加满防冻液；恢复管路。

（4）板式散热接入管路。断开齿轮油板式散热器的进水管、回水管，在散热器上部水口处接入气管，下部水口处接入排水管。

（5）排板式散热器内的水。①调节减压阀，控制进气压力为5 bar；②打开进气口球阀和排水口球阀，利用压缩空气排出散热器内的水，直到无水流出为止。

（6）超挖刀泵站冷却器接入管路。断开超挖刀泵站热交换器进、回水管，在热交换器水口处接入进气管和排水管。

（8）恢复管路。拆除排水管路，恢复管路、球阀至原状态。

7.8 本章小结

在严寒地区，盾构机冬期施工能否正常掘进，关键在于配套设备的保温维护技术。考虑到哈尔滨地区气候严寒的特点，可以对盾构始发场地、砂浆搅拌站、盾构端头井口、出土口、车站出入口以及车站端头40 m范围采用封闭式保温措施；对于盾构循环水管路、废水抽排管路、砂浆输送管路等，则采取岩棉包裹+拌热带升温的方式防止受冻；而砂浆搅拌站和车站端头则通过供暖升温的方式，为盾构正常掘进条件。

参考文献

[1] 王梦恕. 中国盾构和掘进机隧道技术现状、存在的问题及发展思路[J]. 隧道建设，2014，34(3):179-187.

[2] 吴笑伟. 国内外盾构技术现状与展望[J]. 建筑机械，2008(15): 69-73.

[3] 竺维彬，鞠世健. 复合地层中的盾构施工技术[M]. 北京：中国科学技术出版社，2006.

[4] 张凤祥，朱合华，傅德明. 盾构隧道[M]. 北京：人民交通出版社，2004.

[5] 洪开荣. 盾构隧道穿越广州火车站站场的设计与施工[J]. 现代隧道技术，2002，39(6): 34-37.

[6] 江玉生，陈冬，王春河，等. 土压平衡盾构双螺旋输送机力学机理简析[J]. 隧道建设，2007，27(6): 15-18.

[7] 胡国良，龚国芳，杨华勇. 盾构掘进机土压平衡的实现[J]. 浙江大学学报（工学版），2006，40(5): 874-877.

[8] 胡国良，龚国芳，杨华勇，等. 盾构螺旋输送机液压驱动及控制系统[J]. 液压与气动，2004，(12): 33-36.

[9] 胡鹰. 地铁土建工程技术与管理实务[M]. 北京：人民交通出版社，2018.

[10] 陈克济. 地铁工程施工技术[M]. 北京：中国铁道出版社，2014.

[11] 白云，丁志诚，刘千伟. 隧道掘进机施工技术[M]. 2版. 北京：中国建筑工业出版社，2013.

[12] 李明华. 城市地铁施工技术[M]. 长沙：中南大学出版社，2015.

[13] 孙钧. 地下结构设计理论与方法及工程实践[M]. 上海：同济大学出版社，2016.

[14] 王云江，叶罡，孙红. 城市轨道交通工程施工安全管理[M]. 北京：中国建筑工业出版社，2016.

[15] 陶龙光，巴肇伦. 城市地下工程[M]. 北京：科学出版社，2002.

[16] 刘建航，侯学渊. 盾构法隧道[M]. 北京：中国铁道出版社，1991.

[17] 尹旅超，朱振宏，李玉珍，等. 日本隧道盾构新技术[M]. 武汉：华中理工大学出版社，1999.

[18] 中华人民共和国住房和城乡建设部. 建筑工程冬期施工规程：JGJ/T 104—2011[S].北京：中国建筑工业出版社，2012.

[19] 包德勇. 近距离交叠隧道施工影响的数值模拟[J]. 地下空间与工程学报，2011，7(1):127-132, 206.

[20] 李宇东，吕培印.地铁区间隧道近距离施工关键风险分析[J]. 中国工程咨询，2012, (4):40-43.

[21] 刘仁鹏. 土压平衡盾构技术综述[J]. 世界隧道，2000，(1):1-7.

[22] 洪开荣，杜闯东，任成国. 大直径泥水盾构复合地层速凝浆液的同步注入技术[J]. 北京交通大学学报，2011，35(3): 33-38.

[23] 朱卫中. 负温混凝土科学技术研究再反思[J]. 低温建筑技术，2002，(3):1-4.

[24] 朱卫中，钮长仁. 广义综合蓄热法混凝土蓄热冷却计算理论的简化与应用(下)[J]. 低温建筑技术，1998，(4):5-8.

[25] 卿三惠. 土木工程施工工艺：隧道及地铁工程[M]. 北京：中国铁道出版社，2013.

[26] 洪开荣. 盾构与掘进关键技术[M]. 北京：人民交通出版社，2017.

[27] 杨秀仁. 北京地铁盾构隧道设计与施工技术[M]. 北京：中国铁道出版社，2016.

[28] 王洪东，魏康林. 广州地铁六号线首通段盾构隧道工程施工技术研究[M]. 北京：人民交通出版社，2016.

[29] 深圳市地铁集团有限公司，中电建南方建设投资有限公司. 复杂环境条件下地铁土建施工技术创新与实践：深圳地铁7号线工程技术研究成果总结[M]. 北京：人民交通出版社，2018.

[30] 刘建国. 深圳地铁盾构隧道技术研究与实践[M]. 北京：人民交通出版社，2011.

[31] 杨平，王源. 城市隧道盾构法施工技术[M]. 北京：中国建筑工业出版社，2017.

[32] 陈馈，洪开荣，焦胜军. 国内外盾构法隧道施工实例[M]. 北京：人民交通出版社，2016.

[33] 杨书江，孙谋，洪开荣. 富水砂卵石地层盾构施工技术[M]. 北京：人民交通出版社，2011.

[34] 王珣，杨博，刘文斌. 盾构机平移过站技术[J]. 隧道建设，2007，27(4):52-54.

[35] 廖兴民. 盾构机滚杠过站施工技术在地铁施工中的应用[J]. 筑路机械与施工机械化，2004，31(3):74-76.

[36] 康宝生，陈馈，李荣智. 南京地铁盾构始发与到达施工技术[J]. 建筑机械化，2004，25(2):25-29.

[37] 李小岗. 盾构机的拆卸[J]. 隧道建设，2006，26(B05):52-54.

[38] 林志庞，马云龙. 地铁盾构机整体吊装施工技术研究[J]. 民营科技，2010(9):250-251.

[39] 杨烜，曹忠民，贾晓辉. 地铁盾构机吊装施工及安全监控[J]. 建筑技术，2014，45(9):783-785.

[40] 陈馈，洪开荣，焦胜军. 盾构施工技术[M]. 2版. 北京：人民交通出版社，2016.

[41] 汪高峰，詹清枫，张展，等. 泥浆的性能参数在泥水平衡盾构施工中的应用[J]. 石油天然气学报，2018，40(2):34-38.

[42] 廖鸿雁，广州地铁盾构技术研究所. 复合地层盾构技术：广州地铁盾构工程的探索与实践[M]. 北京：中国建筑工业出版社，2012.

[43] 毛红梅. 盾构机空载通过隧道矿山法成洞段的关键技术[J]. 城市轨道交通研究，2011，14(12):86-88.

[44] 程骁，潘国庆. 盾构施工技术[M]. 上海：上海科学技术文献出版社，1990.

[45] 徐永福，孙钧. 隧道盾构掘进施工对周围土体的影响[J]. 地下工程与隧道，1999，(2):9-13，46.

[46] 王洪新，傅德明. 土压平衡盾构平衡控制理论及试验研究[J]. 土木工程学报，2007，40(5):61-68.